HXD3 型大功率交流电力机车应急故障处理

西安铁路局

中国铁道出版社

2019年·北京

内 容 简 介

本书根据 HXD_3 型电力机车特点，机车乘务员基础水平，力求通俗易懂，尽量避免晦涩的专业术语，一般不涉及模块（单元）内部的故障处理。全书共分转换开关、按钮、操作方法、制动系统设置、机车试验、控制电器柜自动开关断开现象、故障处理七章，基本能够满足现阶段机车乘务员在库内及途中对 HXD_3 型电力机车进行“体检”（试验）及故障后“急救”（故障处理）的需要。

本书可作为 HXD_3 型电力机车乘务员日常学习的资料及培训的教材，也可供管理、技术、检修人员学习、参考。

图书在版编目(CIP)数据

HXD_3 型大功率交流电力机车应急故障处理/西安铁路局组织编写. —北京：中国铁道出版社，2010.5(2019.1重印)

ISBN 978-7-113-11461-9

Ⅰ.①H… Ⅱ.①西… Ⅲ.①交流电力机车—故障修复 Ⅳ.①U264.2

中国版本图书馆 CIP 数据核字(2010)第 095284 号

书　　名： **HXD_3 型大功率交流电力机车应急故障处理**

作　　者： 西安铁路局

责任编辑： 王风雨　　　　**电话：** 010-51873421

编辑助理： 孙　楠

责任校对： 孙　玫

责任印制： 郭向伟

出版发行： 中国铁道出版社（100054，北京市西城区右安门西街 8 号）

网　　址： http://www.tdpress.com

印　　刷： 北京鑫正大印刷有限公司

版　　次： 2010 年 5 月第 1 版　2019年 1 月第 5 次印刷

开　　本： 787 mm×1 092 mm　1/32　印张：4.375　字数：87 千

书　　号： ISBN 978-7-113-11461-9

定　　价： 20.00 元

《HXD3型大功率交流电力机车应急故障处理》编委会

主　任：张鸿军　雪忍劳

副主任：李敬民　王前进　李振义

主　编：姚述贤

主　审：武明岐　徐　涛　侯红军　华健新
　　　　王云峰　魏武涛　汪玉林　茹锡勇

编　写：肖　勇　戴昀宏　刘社鹏　杨　健
　　　　唐国庆　赵　强　马　波　史洪兴
　　　　汪利山　晁宝平　刘　涛　宋永涛

前　言

随着中国铁路改革步伐的不断迈进，高速、重载已成为铁路扩展运量、运能的重要途径。堪称为“重载之星”的和谐型大功率交流电力机车则是满足高速重载需求的主要动力源，是客、货运输的主力机型。

为了更好的运用、保养、维修，及时有效地处理机车运行中各种故障现象，高效率的发挥机车性能，确保运输秩序安全畅通，西安铁路局在借鉴兄弟铁路局关于该型车的运用、维修及保养方面经验基础上，由路局职教处、机务处牵头，安康机务段具体负责，对该型车在本局的投入运用情况进行了深入的调研，并结合机车构造原理，编写了《HXD_3型大功率交流电力机车应急故障处理》。

本书根据HXD_3型电力机车性能特点，针对机车在运行中易发生的各类故障现象，在机车操纵注意事项和故障处理方法技巧方面做了详细的介绍和指导。力求通俗易懂，尽量避免抽象的专业术语，不涉及模块内部的故障处理。全书共分转换开关、按钮、操作方法、制动系统设置、机车试验、控制电器柜自动开关断开现象、故障处理七个章节，能满足机车乘务员在HXD_3型电力机车试验和机车故障处理方面的知识需要。

本书可作为HXD_3型电力机车乘务员日常学习资料和培训教材，也可供管理、技术、检修人员学习、参考。

目　　录

第一章　转换开关

1. 主变流器隔离开关SA41～SA46

(1) 设置位置

为虚拟开关，设置在微机控制系统。

(2) 作用状态

正常情况下，主变流器隔离开关均处于“运行”状态（进入微机显示屏开关状态画面第三页，确认该主变流器隔离开关底色显示黑色），其对应的主变流器均正常投入工作；当某一主变流器（包括牵引电机）发生过流、接地等故障无法正常工作或因工作需要需将其切除时，可通过微机显示屏触摸开关的操作，使该主变流器隔离开关处于“切除”状态（进入微机显示屏开关状态画面第三页，确认该主变流器隔离开关底色变为红色），人为将需要切除的主变流器切除。

(3) 人为切除主变流器

①在微机显示屏“牵引/制动”画面上，点击〖开放状态〗触摸键，微机显示屏切换到“开放”画面。

②点击需要切除的〖CI※〗，字母底色由黑色变为蓝色。

③点击〖开放〗触摸键，此时，需要切除的CI※上方的“正常”二字变为“开放”二字，底色由绿色变为红色。其对应的主变流器隔离开关即处于“切除”状态，需要切除的CI※被成功的切除。

(4) 人为恢复主变流器

①在微机显示屏“牵引/制动”画面上，点击〖开放状态〗触摸键，微机显示屏切换到“开放”画面。

②点击被切除的〖CI※〗（“开放”二字下对应的〖CI※〗），字母底色由蓝色变为黑色。

③点击〖开放〗触摸键，此时，需要恢复的CI※上方的“开放”二字变为“正常”二字，底色由红色变为绿色。其对应的主变流器隔离开关即处于“运行”状态，原切除的CI※被成功恢复。

注意：

（1）当某一主变流器无法正常工作时，一般情况下，微机控制系统会自动将其切除。若无法自动切除时，可采用人为切除的方法将其切除。

（2）人为切除或恢复主变流器时，应在调速手柄回“0”位后进行。

（3）运行途中，当某一牵引电机发生故障，也通过主变流器隔离开关将其切除。

2. 辅变流器隔离开关SA47、SA48

（1）设置位置

为虚拟开关，设置在微机控制系统。

（2）作用状态

正常情况下，辅变流器隔离开关均处于“运行”状态（进入微机显示屏“开关状态”画面第三页，确认该辅变流器隔离开关底色显示为黑色），其对应的辅变流器均正常投入工作；当某一辅变流器发生过流、接地等故障无法正常工作或因工作需要需将其切除时，可通过微机显示屏触摸开关的操作，使该辅变流器隔离开关处于“切除”状态（进入微机显示屏“开关状态”画面第三页，确认该辅变流器隔离开关底色变为红色），人为将需要切除的辅变流器切除。

（3）人为切除辅变流器

①在微机显示屏“牵引/制动”画面上，点击〖开放状

态〗触摸键，微机显示屏切换到“开放”画面。

②点击需要切除的〖APU※〗，字母底色由黑色变为蓝色。

③点击〖开放〗触摸键，此时，需要切除的APU※上方的“正常”二字变为“开放”二字，底色由绿色变为红色。其对应的辅变流器隔离开关即处于“切除”状态，需要切除的APU※被成功的切除。

（4）人为恢复辅变流器

①在微机显示屏“牵引/制动”画面上，点击〖开放状态〗触摸键，微机显示屏切换到“开放”画面。

②点击被切除的〖APU※〗（“开放”二字下对应的〖APU※〗），字母底色由蓝色变为黑色。

③点击〖开放〗触摸键，此时，需要恢复的APU※上方的“开放”二字变为“正常”二字，底色由红色变为绿色。其对应的辅变流器隔离开关即处于“运行”状态，原切除的APU※被成功恢复。

注意：

（1）当某一辅变流器单元发生故障时，一般情况下，微机控制系统会自动将其切除。若无法自动切除时，可采用人为切除的方法将其切除。

（2）人为切除或恢复辅变流器时，应在断开主断路器后进行。

（3）某一辅变流器被切除后，微机控制系统会自动对辅助电路进行故障转换，由另一辅助变流器承担除非操纵端压缩机以外的全车辅助电路负载。

（4）某一辅变流器被切除后，应随时注意确认总风缸风压，并适时将压缩机扳键开关置“强泵风”位进行强制泵风，确保总风缸风压在750 kPa以上，以利行车安全。

3. **辅助电路接地隔离开关** GS7、GS8

正常情况下，HXD3 型机车辅助电路可分为相对独立的两个供电系统，故全车设有两套接地装置，也就设有两个辅助电路接地隔离开关。

（1）设置位置

设置在控制电器柜的右下部。

（2）作用位置

设有“运行”、“故障”位两个位置。正常情况下辅助电路接地隔离开关 GS7（GS8）置“运行”位；当辅助电路接地装置本身故障或检查确知某一辅变流器及其供电电路仅有一点接地且不能切除时，才将其对应的辅助电路接地隔离开关置“故障”位维持运行。

注意：

①若切除接地辅变流器单元能够维持运行时，禁止将辅助电路接地隔离开关置“故障”位。

②若断开某些辅机自动开关及转换（扳键）开关，即可消除接地，且能够维持运行时，不得将辅助电路接地隔离开关置“故障”位。

③若发生辅助电路接地、过载同时动作时，严禁将辅助电路接地隔离开关置“故障”位。

④辅助电路死接地，在未确认一点接地的情况下，严禁将辅助电路接地隔离开关转至“故障”位。

⑤需要进行辅助电路接地隔离开关转换时，应在断电、降弓，按规定对高压接地开关操作后，再打开控制电器柜门进行转换。

⑥辅助电路接地隔离开关置“故障”位维持运行时，必须随时注意确认仪表显示，发现异常情况，应及时采取措施断开主断路器，以防事故扩大。

4. 主电路接地隔离开关 GS1～GS6

HXD_3型机车牵引主电路可分为相对独立的六组牵引主电路单元，每组牵引主电路单元设置一套接地保护装置，故全车共设六套主电路接地保护装置，也就设有六个主电路接地隔离开关。

（1）设置位置

设置在控制电器柜的右下部。

（2）作用位置

设有“运行”、“故障”位两个位置。正常情况下，主电路接地隔离开关置“运行”位；在运行中，若某一主变流器及其供电的牵引电机发生接地无法处理，且将其切除又不能维持运行时，在确认只有一点接地的情况下，可将与之对应的主电路接地隔离开关置“故障”位维持运行。

（3）注意事项

①若切除接地主变流器单元能够维持运行时，禁止将主电路接地隔离开关置“故障”位。

②若发生主电路接地、过载同时动作时，严禁将主电路接地隔离开关置“故障”位。

③主电路死接地，在未确认一点接地的情况下，严禁将主电路接地隔离开关转至“故障”位。

④需要进行主电路接地隔离开关转换时，应在断电、降弓，按规定对高压接地开关操作后，再打开控制电器柜门进行转换。

⑤主电路接地隔离开关置“故障”位维持运行，由于与之对应的主变流器及牵引电机已无接地保护，故必须随时注意仪表显示，发现异常情况，应及时采取措施断开主断路器，以防事故扩大。

5. 受电弓高压（故障）**隔离控制开关 SA96**

（1）设置位置

设置在控制电器柜中部。

（2）作用位置

设有“0（运行）”、“Ⅰ端隔离”、“Ⅱ端隔离”三个作用位置。

正常情况下，受电弓高压隔离控制开关置“0”位；当Ⅰ端受电弓刮弓、受电弓支持瓷瓶炸裂等原因造成接地，或因特殊需要需将Ⅰ端受电弓切除时，可将Ⅰ端受电弓高压隔离控制开关置“Ⅰ端隔离”位，以切除Ⅰ端受电弓并通过受电弓高压隔离开关把已故障的Ⅰ端受电弓从车顶高压电路中甩出；当Ⅱ端受电弓刮弓、受电弓支持瓷瓶炸裂等原因造成接地，或因特殊需要需将Ⅱ端受电弓切除时，可将Ⅱ端受电弓高压隔离控制开关置“Ⅱ端隔离”位，以切除Ⅱ端受电弓并通过受电弓高压隔离开关把已故障的Ⅱ端受电弓从车顶高压电路中甩出。

（3）转换方法及注意事项

① 转换前，应首先根据机车实际状态（是否会造成顶电或受电弓掉落），确认是否需要登上车顶进行处理，若无把握时，应按“运行途中，需要登上车顶处理故障时的安全注意事项”（第三章第21条）的规定，登上车顶，检查处理受电弓后，再将受电弓高压隔离控制开关置“Ⅰ（Ⅱ）端隔离”位。

②操作受电弓高压隔离控制开关前，应先断电、降弓。

③受电弓高压隔离控制开关置“Ⅰ（Ⅱ）端隔离”位，不但将Ⅰ（Ⅱ）端受电弓从车顶高压电路中甩出，同时也使Ⅰ（Ⅱ）端受电弓无法再升起。

6. 受电弓高压隔离开关 QS1、QS2

（1）设置位置

每台机车设置两个受电弓高压隔离开关，每一受电弓对应设置一个，用其将受电弓与车顶高压电路间连通或断开。其设置在车顶中部，主断路器两侧。

（2）作用位置

受电弓高压隔离开关设有“运行”、“隔离”两个位置。正常情况下，受电弓高压隔离开关置“运行”位，在此位置，受电弓与车顶高压电路间连通；当某端受电弓因刮弓、支持瓷瓶炸裂等原因造成接地时，可使该端受电弓高压隔离开关转至“隔离”位，将该端受电弓与车顶高压电路间断开，以达到将该端受电弓从车顶高压电路中甩出（隔离）的目的。

（3）转换方法及注意事项

受电弓高压隔离开关的动作方式采用空气操作式（机车内设置 4 个电空阀），其受受电弓高压隔离控制开关的控制。

①将受电弓高压隔离控制开关 SA96 置“0”位，Ⅰ、Ⅱ端受电弓高压隔离开关均处在（或转换至）“运行”位。

②将受电弓高压隔离控制开关 SA96 置“Ⅰ端隔离”位，Ⅰ端受电弓高压隔离开关处在（或转换至）“隔离”位。

③将受电弓高压隔离控制开关 SA96 置“Ⅱ端隔离”位，Ⅱ端受电弓高压隔离开关处在（或转换至）“隔离”位。

④Ⅰ端受电弓高压隔离开关处在“隔离”位时，微机显示屏故障信息显示区显示“受电弓 1 故障”；Ⅱ端受电弓高压隔离开关处在“隔离”位时，微机显示屏故障信息显示区显示“受电弓 2 故障”。

7. 高压接地开关 QS10

（1）设置位置

高压接地开关设置在机车车顶中部，邻近主断路器。

（2）作用位置

高压接地开关设有“运行”、“接地”两个位置。正常运行时，高压接地开关置“运行”位；当需要打开车顶天窗登上车顶进行检查处理或需要打开控制电器柜门进行检查处理时，才将高压接地开关置“接地”位，使主断路器两侧高压电路可靠接地，以保证机车及工作人员的安全。

（3）高压接地开关的转换方法

①由“运行”位转至“接地”位

在断电、降弓后：

a. 将制动控制柜上蓝色钥匙逆时针旋转 90°至受电弓控制塞门“关闭”位（水平状态）拔出。

b. 将蓝色钥匙水平插入高压接地开关蓝色锁内，再顺时针旋转 90°至垂直状态。

c. 侧拉高压接地开关操纵杆并旋转 180°至“接地”位。

d. 将高压接地开关黄色钥匙顺时针旋转 90°至水平状态拔出，一把黄色钥匙用于打开车顶天窗锁闭器；一把黄色钥匙用于打开控制电器柜门锁闭器。

②由“接地”位恢复至“运行”位

a. 锁好车顶天窗、控制电器柜门，拔出黄色钥匙。

b. 将两把黄色钥匙水平状态插入高压接地开关黄色锁内，逆时针旋转 90°呈垂直状态。

c. 侧拉高压接地开关操纵杆并旋转 180°至“运行”位。

d. 将蓝色钥匙逆时针旋转 90°呈水平状态拔出。

e. 将蓝色钥匙水平插入制动控制柜锁孔，顺时针旋转 90°至受电弓控制塞门“开放”位（垂直状态）。

注意：高压接地开关置“接地”位后，微机显示屏“主断信息栏”显示“接地开关触点未闭合”，当主断路器再次闭合后，该信息才能消失。

8. 充电单元选择开关 SW

240 号以后机车：

（1）设置位置

设置在机械室蓄电池充电器左侧面。

（2）作用位置

其设有“单元1”、“关”、“自动”、“关”、“单元2”五个位置。

控制电源充电装置设有“单元1”、“单元2”两组，正常情况下，一组使用，另一组备用。

正常情况下，充电单元选择开关SW置“自动”位，控制电源充电装置的工作状态由微机控制系统自动控制。单（奇）数日，充电单元1工作；双（偶）数日，充电单元2工作。若正在工作的充电装置故障，微机控制系统会自动将其切除，并使备用的另一组充电装置投入工作。

运行途中，若控制电源充电装置单元1故障，而微机无法自动进行切换或人为需要选择单元2工作时，才将充电单元选择开关置“单元2”位；若控制电源充电装置单元2故障，而微机无法自动进行切换或人为需要选择单元1工作时，才将充电单元选择开关置“单元1”位。

“关”位是充电单元选择开关SW转换时的中间停留位，以保证SW无电转换。

（3）注意事项

①若在单数日，将充电单元选择开关置“单元2”位，微机显示屏“辅助电源”画面显示的PSU1呈红底色；若在双数日，将充电单元选择开关置“单元1”位，微机显示屏“辅助电源”画面显示的PSU2呈红底色。

②充电单元选择开关SW置“单元1（2）”位时，正在工作的控制电源充电装置故障，其将不能自动切换。故若充电单元选择开关SW不在“自动”位，就应随时注意控制电路电压表的显示，防止因控制电源充电装置故障造成蓄电池

亏电。

③人工进行充电单元选择开关转换时，应在断开主断路器后进行。

④充电单元选择开关SW由“单元1（2）”位恢复“自动”位后，需断开再闭合控制电器柜“蓄电池”自动开关QA61，才能使控制电源充电装置恢复到由微机控制系统自动控制。

9. 自动降弓装置ADD

自动降弓装置主要由主断控制器、快速降弓阀、ADD关闭阀、ADD试验阀组成，每台受电弓设有一套。

（1）主断控制器

①设置位置

设置在机械室司机侧邻近变流器的侧墙上。

②作用位置

设有“运用”（“1”）、“停用”（“0”）两个位置。正常情况下主断控制器置“运用”（“1”）位；当自动降弓装置故障或误动作时，才将其转至“停用”（“0”）位。放此位置，并未完全切除自动降弓装置，仅切除了自动降弓时的断开主断路器、切断受电弓风路及语音提示功能。若遇刮弓等原因造成滑板腔风压泄漏后，受电弓仍能自动降下。

③测试按钮

当受电弓升起后，需要试验自动降弓装置作用是否良好或运行途中遇特殊情况需要立即降下受电弓时，可采取按下该测试按钮的方法，以使受电弓迅速降下。

（2）快速降弓阀

①设置位置

设置在车顶受电弓的底架上。

②作用状态

分为“准备”、“动作”两种状态。只要受电弓升起，该阀就处于“准备”状态；当发生弓网事故，滑板断裂或磨耗到限时，该阀立即进入“动作”状态，迅速排出受电弓气囊风压，使受电弓迅速降下，避免接触网和受电弓进一步损坏。

（3）ADD试验阀

①设置位置

设置在车顶受电弓的底架上。

②作用位置

设有“工作”、“试验”两个位置。正常情况下，ADD试验阀置“工作”位；当需要试验自动降弓装置性能时，在受电弓升起的情况下，才将ADD试验阀置“试验”位。

③注意事项

乘务、受电弓专检人员在车顶检查时，不得随意将ADD试验阀置“试验”位，只有在自动降弓装置动作后，确需检测自动降弓装置作用是否良好时，才能进行试验，且试验时，应采取适当方法、措施，以防止测试人员被受电弓砸伤。

（4）ADD关闭阀

①设置位置

设置在车顶受电弓的底架上。

②作用位置

设有“开”、“关”两个位置。正常情况下，ADD关闭阀置“开”位；当需彻底切除自动降弓装置，暂时维持该台受电弓工作时，才将ADD关闭阀置“关”位。

③注意事项

a. 运行途中需要关闭ADD关闭阀时，必须严格执行第三章第21条“运行途中，需要登上车顶处理故障时的安全注意事项”的规定，以确保人身安全。

b. 当 ADD 关闭阀置“关”位，自动降弓装置就失去了保护作用。故在切除自动降弓装置维持运行时，就应随时注意弓网状态，若发现弓网关系异常时，应立即采取人为降弓措施，以防事故进一步扩大。

（5）切除某台受电弓自动降弓装置的方法

①将该台受电弓的主断控制器置“停用”位，并关闭该主断控制器上方小塞门。

②按照第三章第 21 条“运行途中，需要登上车顶处理故障时的安全注意事项”的规定，登上机车车顶将该台受电弓自动降弓装置 ADD 的关闭阀置“关”位。

10. 弹停（停放制动）**转换开关** SA99、SA100

（1）设置位置

设置在司机台右下部。

（2）作用位置

弹停转换开关设有“制动”、“0”、“缓解”三个位置，其为自复式开关。正常运行时，弹停转换开关在“0”位，机车弹停装置处在缓解状态；当机车须长时间停留或对机车进行整备时，为了防止机车发生溜逸，才将弹停转换开关置“制动”位，待弹停装置处在制动状态后，再松开弹停转换开关，使其自动恢复到“0”位；当机车需要恢复运行或需要缓解弹停制动时，则将弹停转换开关置“缓解”位，待弹停装置处在缓解状态后，再松开弹停转换开关，使其自动恢复到“0”位。

（3）注意事项

①当控制电路供电正常、弹停风缸有风的情况下，才能利用弹停转换开关进行弹停缓解。

②弹停转换开关在“0”位，若未以其他方式对弹停装

置进行操作，弹停装置就保持转换开关回“0”位前的状态。如：在机车运行前，将弹停转换开关置“缓解”位，待弹停装置处在缓解状态后，再松开弹停转换开关，使其自动恢复到“0”位，此后，若不再人为进行弹停装置的转换操作，弹停装置就一直保持在缓解状态。

③机车制动缸风压对弹停制动的影响

a. 机车制动缸风压在 300 kPa 以下时，其对通过弹停转换开关来实施弹停制动的作用无影响。

b. 一般情况下，若已实施弹停制动，当机车制动缸风压超过 350 kPa 时，弹停制动即有可能自动缓解，当机车制动缸风压再次低于 300 kPa 时，弹停装置重新制动。

c. 一般情况下，若未实施弹停制动且机车制动缸风压已超过 350 kPa 时，再将弹停转换开关置“制动”位，弹停装置可能暂时无法处于弹停制动状态。

④验证弹停装置处在制动状态的方法

司机室：状态指示屏“停车制动”红灯亮。

车下：机车外侧弹停装置指示器显示“红色”；机车空气制动在缓解状态下，1、6 轴制动闸片紧贴制动盘。

⑤验证弹停装置处在缓解状态的方法

司机室：状态指示屏“停车制动”红灯灭。

车下：机车外侧弹停装置指示器显示“绿色”；机车空气制动在缓解状态下，1、6 轴制动闸片离开制动盘（也可用手推或脚蹬弹停制动缸，其有明显摆动感）。

11. 主变流器试验开关 SA75

（1）设置位置

设置在控制电器柜中部。

（2）作用位置：

其设有“试验”、“0”、“外部电源”三个位置。正常情况下，主变流器试验开关 SA75 置“0”位；当机车主断路器不具备闭合条件，需要通过微机控制系统对机车主变流器控制单元进行检测，并在微机显示屏上进行显示或在进行低压试验时，才将主变流器试验开关 SA75 置“试验”位。

12. 主电路库用转换开关 QS3、QS4

（1）设置位置

设置在控制电器柜中部。

（2）作用位置

其设有“运行”位、“库用”位两个位置。正常运行时主电路库用转换开关 QS3（QS4）置“运行”位；当机车在库内利用库内引车机组动车时，才将主电路库用转换开关 QS3（QS4）转至“库用”位。

13. 辅助电路库用转换开关 QS11

（1）设置位置

设置在控制电器柜中下方。

（2）作用位置

设有“运行”位、“库用”位两个位置。正常情况下辅助电路库用转换开关 QS11 置“运行”位；当机车在库内利用地面电源使辅助电路的电器投入工作时，才将辅助电路库用转换开关 QS11 转至“库用”位。

第二章 按　钮

1. 复位按钮 SB61、SB62

（1）设置位置

设在司机操纵台上，制动显示屏前。

（2）使用时机

运行途中，遇机车出现以下故障，经检查、处理后，需要其恢复至正常运行状态时，可利用司机台“复位”按钮进行复位。

①机车运行中发生主断路器自动断开，状态指示屏有故障显示，微机显示屏故障信息显示区显示或故障履历记录：“主接地”、“牵引电机过流”、“牵引绕组过流”、“中间回路过电压”、“整流故障”、“二次过电流”、“逆变故障”、“相电流不均衡”、“主变流器控制电源电压下降”等主电路相关故障时；

②机车运行中发生主断路器自动断开，状态指示屏有故障显示，微机显示屏故障信息显示区显示或故障履历记录：“辅变流器输入过流”、“辅助回路过载”、“辅助回路接地”、“辅变流器中间回路过电压”等故障时；

③微机显示屏故障信息显示区显示或故障履历记录“冷却器高温”时；

④微机显示屏故障信息显示区显示或故障履历记录“微机故障”时；

⑤微机显示屏故障信息显示区显示或故障履历记录“接触器黏着”时；

⑥微机显示屏故障信息显示区显示或故障履历记录“油

泵油流不良”时；

⑦恢复被封锁的主、辅变流器时。

（3）复位方法

司机控制器调速手柄回“0”位，按下司机台“复位”按钮1 s后松开。

2. 紧急停车按钮 SA103、SA104

（1）设置位置

设置在司机台正前方的多功能状态组合模块上。

（2）使用时机

遇下列情况，机车乘务员应立即按下紧急停车按钮：

①运行途中，制动机故障需要立即停车时；

②运行途中，主断路器扳键开关故障无法使主断路器断开时；

③运行途中，遇在分相绝缘器前等特殊情况，微机故障使机车无法停止牵引、断开主断路器时；

④运行途中，遇危及行车、人身安全等情况需要紧急停车时。

（3）紧急停车按钮恢复

按下紧急停车按钮后，应立即将大闸手柄置“紧急”位，待列车停车后，顺时针旋转（或再按一下）紧急停车按钮，其就会自动弹出而恢复，待紧急停车原因处理完毕，需要恢复运行时，再将大闸手柄置“运转”位。

注意：按下紧急停车按钮，使列车停车后，若未进行降弓操作，待恢复紧急停车按钮后，主断路器将会自动闭合，辅变流器 2 及所供电辅机也随之启动。

3. 过分相按钮 SB67、SB68

（1）设置位置

设置在司机台微机显示屏右前方的面板上。

（2）使用时机

已启用半自动过分相装置的区段，当机车运行到分相绝缘器前的规定地点，司机确认调速手柄回“0”位后，按压“过分相”按钮一次。

（3）作用过程

司机按下“过分相”按钮后，微机控制系统立即使主变流器停止工作、断开主断路器。当机车通过了分相绝缘器，接触网电压恢复正常并延迟一定时间后，主断路器自动闭合，随即自动启动辅助变流器，使机车自动恢复到过分相绝缘器前的状态。

4. 定速按钮 SB69、SB70

（1）设置位置

设置在司机台微机显示屏正前方的面板上。

（2）使用时机

当机车速度大于或等于 15 km/h 且机车未实施空气制动，而需要维持机车在当前速度（目标速度）运行时，则按下“定速”按钮一次。

（3）作用过程

按下“定速”按钮后，即设定了目标速度，此后，微机控制系统则按目标速度控制机车。

当机车实际速度高于“目标速度＋2 km/h”时，微机控制系统控制机车进入电气制动状态；当机车实际速度降低到“目标速度＋1 km/h”时，微机控制系统使电气制动力降至 0。

当机车实际速度低于“目标速度－2 km/h”时，微机控制系统控制机车进入牵引状态；当机车实际速度升高到“目标速度－1 km/h”时，微机控制系统使牵引力降至 0。

这样，就实现了机车速度在目标速度±2 km/h 范围内变化，达到了定速的目的。

（4）解除定速控制

机车在定速控制状态，只要移动司机控制器调速手柄，使其级位变化超过1级或有主变流器单元故障后，机车定速控制即可自动解除。

5. **警惕按钮** SB96、SB97、**警惕开关** SA101、SA102

（1）设置位置

警惕按钮设在调速手柄上（后期机车改设在司机操纵台上，制动显示屏前）；警惕开关设在司机台下方，为脚踩开关。

（2）使用时机

当机车电钥匙置“合”位速度大于或等于30 km/h，且未实施紧急制动的情况下：

①与前次按压警惕按钮或踩警惕开关间隔时间未超过1 min。

②与前次按压警惕按钮或踩警惕开关间隔时间已超过1 min，警惕装置已进入报警状态，蜂鸣器响未超过10 s。

按压警惕按钮或踩下警惕开关后，警惕装置即解除正在实施的监视状态，而使警惕装置重新进入下一个监视状态。

（3）警惕装置保护动作

当机车电钥匙置“合”位速度大于或等于30 km/h，且未实施紧急制动时，机车警惕装置进入监视状态，此时，在1 min内，司机应按压警惕按钮或踩下警惕开关，使警惕装置解除正在进行的监视状态，而重新进入下一个监视状态。若在1 min内司机未按压警惕按钮或踩下警惕开关，警惕装置进入报警状态，蜂鸣器响，再延迟10 s，若司机仍未按压警惕按钮或踩下警惕开关，则警惕装置保护动作，使机车进入紧急制动状态。

(4) 按压警惕按钮或踩下警惕开关的持续时间

大于 1 s 而小于 10 s。

(5) 试验警惕按钮、警惕开关

在微机显示屏“牵引/制动”画面点击〖检修状态〗→输入密码“000”→点击〖确认〗〖状态〗〖信号信息〗→进入“信号信息”画面→点击〖DI2〗→进入“DI2”画面第一页，查看 521 线。若按下警惕按钮或踩下警惕开关 521 线底色变绿，松开按钮或开关后底色变为黑色，则表明警惕按钮或警惕开关作用良好。否则，则说明警惕按钮或警惕开关故障。

(6) 确定警惕装置动作

机车产生紧急制动且微机显示屏“故障履历”画面提示“警惕动作”时，即可确定警惕装置动作。

(7) 警惕装置相关知识

①警惕装置的设计原理

当机车电钥匙置“合”位速度大于或等于 30 km/h，且未实施紧急制动时，HXD_3 型机车警惕装置进入监视状态，此时每1 min内，司机应按压警惕按钮 SB96（SB97）或脚踩警惕开关 SA101（SA102）1 次，使警惕装置重新进入监视状态，否则超过1 min，警惕装置即进入报警状态，蜂鸣器响，再延迟 10 s，如果司机仍未按压警惕按钮 SB96（SB97）或脚踩警惕开关 SA101（SA102），则警惕装置动作，发出紧急制动指令，使列车紧急停车。

②设置警惕装置目的

a. 提醒司机集中精力开车，防止意外情况发生，确保行车安全。

b. 当值乘的机车乘务员突发疾病时，能够确保列车安全停车。

③警惕装置计时、复位、报警、动作及解除条件

计时开始条件：机车电钥匙置“合”位（501线或601线得电）且实时速度≥30 km/h。

计时复位条件：按压警惕按钮或脚踩警惕开关，即521线得电一次。

报警的条件：计时开始后60 s内，未按压警惕按钮或脚踩警惕开关（521线不得电）且实时速度≥30 km/h。

警惕装置动作条件：计时满60 s后的10 s内未按压警惕按钮或脚踩警惕开关（521线不得电）。

警惕装置动作后的解除条件：列车速度＜5 km/h或机车电钥匙置“0”位（501线、601线失电）。

④HXD_3型机车在运用过程中，易发生速度30 km/h以下微机控制系统未报警而警惕装置动作的原因

HXD_3型机车在运用过程中，易发生速度30 km/h以下微机控制系统未报警而警惕装置动作的现象，这是因为：HXD_3型机车的警惕装置开始计时进入监视状态的速度为上一次按压警惕按钮或脚踩警惕开关时的机车实时速度。微机控制系统报警判断条件中的速度为计时满60 s时的机车实时速度。当机车警惕装置进入监视状态时，微机控制系统开始计时，计时满60 s时，如机车实时速度低于30 km/h，则微机控制系统不报警，但延时10 s后警惕装置仍会动作，产生紧急制动。

从上述可以看出，机车速度低于30 km/h警惕装置动作而微机控制系统不报警，产生紧急制动的原因是：当机车速度≥30 km/h、司机按压警惕按钮或脚踩警惕开关后，警惕装置就进入监视状态开始计时，若在计时60 s过程中，机车速度减至30 km/h以下，此时，微机控制系统将不再报警，若乘务员未再按压警惕按钮或脚踩警惕开关来解除警

惕装置正在进行的监视状态，就会造成警惕装置动作，列车紧急停车。

⑤为防止 HXD_3 型机车速度 30 km/h 以下微机控制系统未报警而警惕装置动作的现象，警惕装置操作注意事项

a. 当列车处于减速运行状态且速度接近或等于 30 km/h 时，机车乘务员应特别注意对警惕装置的操作。

b. 当列车速度减至 30 km/h 以下时，仍应按压警惕按钮或脚踩警惕开关一次，以复位 60 s 计时，解除警惕装置监视作用，避免出现列车速度在 30 km/h 以下，微机控制系统未报警而警惕装置动作的现象。

6. 辅助压缩机启动按钮 SB95

（1）设置位置

设置在控制电器柜中部。

（2）使用时机

遇下列情况，应按下辅助压缩机启动按钮一次，以启动辅助压缩机，来提高控制风路风压。

①当总风缸、控制风缸风压均低于 650 kPa，需要升起受电弓或使主断路器闭合时；

②利用辅助压缩机泵风提供的风压升高、闭合主断路器，启动压缩机后，在总风缸压未达到 650 kPa 而控制风路风压低于 500 kPa 时。

（3）注意事项

①辅助压缩机泵风时，只要控制风路风压达到735 kPa，辅助压缩机就会自动停止工作。

②辅助压缩机电机不宜长时间工作或频繁启机。若其工作 10 min 还没停机，就应断开控制电器柜“机车控制”自动开关 QA45、“辅助设备”自动开关 QA51，且间隔30 min 才能再行启动。

③利用辅助压缩机泵风后升弓，在主压缩机工作期间，应随时注意控制风路风压，当其风压低于 500 kPa 时，就应及时启动辅助压缩机进行泵风，以防受电弓自动降落及弓网关系异常引起的弓、网烧损。

7. 自动降弓装置测试按钮

（1）设置位置

全车设有两台受电弓，每台受电弓设有独立的自动降弓装置，故全车共设有两套自动降弓装置，就有两个自动降弓装置测试按钮。其分别设置在机械室司机侧邻近变流柜侧墙的主断控制器上。

（2）使用时机

在受电弓升起后，遇需试验自动降弓装置作用是否良好或在运行途中遇特殊情况，需要立即降下受电弓时，则采取按下所升受电弓对应的自动降弓装置测试按钮的方法，以使受电弓迅速降下。

（3）注意事项

按下自动降弓装置测试按钮，在自动降弓的同时主断路器也将随之断开。

8. 弹停缓解手动按钮

（1）设置位置

设置在制动控制柜弹停装置模块上（左侧）。

（2）使用时机

在机车弹停控制回路无电，但弹停风缸有足够风压的情况下，需要实施弹停缓解时。

（3）操作方法

①对通过关闭弹停塞门来实施弹停制动的机车，在实施弹停缓解前，应先开放弹停塞门。

②按压弹停缓解手动按钮，待机车实施弹停缓解后，松

开即可。

9. 弹停制动手动按钮

（1）设置位置

设置在制动控制柜弹停装置模块上（右侧）。

（2）使用时机

在机车弹停控制回路无电的情况下，需要实施弹停制动时。

（3）操作方法

按压弹停制动（作用）手动按钮，待机车实施弹停制动后，松开即可。

（4）注意事项

当机车制动缸风压超过 300 kPa 时，就应考虑其对弹停制动的影响。

第三章　操作方法

1. 利用不同风源升弓的方法

（1）利用总风缸风压升弓：当总风缸风压高于 650 kPa 时，即可按正常操作方法升弓。

（2）利用控制风缸风压升弓：当总风缸风压低于 650 kPa，但开放控制风缸塞门 U77 后，若控制风路风压高于 650 kPa 时，即可按正常操作方法升弓。

（3）利用辅助压缩机泵风升弓：当总风缸风压低于 650 kPa，开放控制风缸塞门 U77 后，若控制风路风压仍低于 650 kPa，则按一下控制电器柜辅助压缩机启动按钮 SB95，启动辅助压缩机进行泵风，当控制风路风压达到 650 kPa以上，即可按正常操作方法升弓。

（4）若情况紧急，需要利用辅助压缩机泵风来快速升弓时，可关闭控制风缸塞门 U77，按下控制电器柜辅助压缩机启动按钮 SB95，启动辅助压缩机进行泵风，当辅助压缩机停止泵风后，将受电弓扳键开关置“后（前）受电弓”位，再次按下辅助压缩机启动按钮 SB95，当受电弓升起后即试合主断路器，待主断路器闭合后，立即启动主压缩机进行泵风。但应注意，在主压缩机泵风期间，应随时注意控制风路风压，当其风压低于 500 kPa 时，就应再次启动辅助压缩机进行泵风，以防受电弓自动降落及弓网关系异常引起的弓、网烧损。

2. 实施弹停制动的方法

（1）利用弹停转换开关 SA99（SA100）

①使用时机

在机车弹停控制回路供电正常的情况下，需要实施弹停制动时。

②操作方法

将弹停转换开关SA99（SA100）置“制动”位，待机车实施弹停制动后，松开转换开关，其自复到“0”位。

③验证已实施弹停制动的方法

a. 司机台状态指示屏“停车制动”红灯亮；

b. 机车外侧弹停装置指示器显示红色；

c. 机车空气制动在缓解状态（机车外侧空气制动指示器显示绿色），手推或脚蹬弹停制动缸无摆动感。

④注意事项

当机车制动缸风压超过300 kPa时，就应考虑其对弹停制动的影响。

（2）利用弹停制动手动按钮

①使用时机

在机车弹停控制回路无电的情况下，需要实施弹停制动时。

②操作方法

按压弹停制动（作用）手动按钮，待机车实施弹停制动后，松开手动按钮。

③验证已实施弹停制动的方法

a. 机车外侧弹停装置指示器显示红色；

b. 机车空气制动在缓解状态（机车外侧体空气制动指示器显示绿色），手推或脚蹬弹停制动缸无摆动感。

④注意事项

当机车制动缸风压超过300 kPa时，就应考虑其对弹停制动的影响。

（3）利用弹停塞门

①使用时机

切除除在机车下部拉动弹停制动缸“辅助缓解”手柄以外的所有弹停缓解功能，实施弹停制动并保持时。

②操作方法

关闭弹停塞门。

③验证已实施弹停制动的方法

a. 司机台状态指示屏“停车制动”红灯亮；

b. 机车外侧弹停装置指示器显示红色；

c. 机车空气制动在缓解状态（机车外侧体空气制动指示器显示绿色），手推或脚蹬弹停制动缸无摆动感。

3. 实施弹停缓解的方法

（1）利用弹停转换开关 SA99（SA100）

①使用时机

在机车弹停控制回路供电正常，弹停风缸有足够风压的情况下，需要实施弹停缓解时。

②操作方法

a. 对通过关闭弹停塞门来实施弹停制动的机车，在实施弹停缓解前，应先开放弹停塞门。

b. 将弹停转换开关 SA99（SA100）置“缓解”位，待机车实施弹停缓解后，松开转换开关，其自复到“0”位。

③验证已实施弹停缓解的方法

a. 司机台状态指示屏“停车制动”红灯灭；

b. 机车外侧弹停装置指示器显示绿色；

c. 机车空气制动在缓解状态（机车外侧空气制动指示器显示绿色），手推或脚蹬弹停制动缸有明显摆动感。

（2）利用弹停缓解手动按钮

①使用时机

在机车弹停控制回路无电，但弹停风缸有足够风压的情况下，需要实施弹停缓解时。

②操作方法

a. 对通过关闭弹停塞门进行弹停制动的机车，在实施弹停缓解前，应先开放弹停塞门。

b. 按压弹停缓解手动按钮，待机车弹停制动缓解后，松开手动按钮。

③验证已实施弹停缓解的方法

a. 机车外侧弹停装置指示器显示绿色；

b. 机车空气制动在缓解状态（机车外侧空气制动指示器显示绿色），手推或脚蹬弹停制动缸有明显摆动感。

（3）利用弹停“辅助缓解”手柄

①使用时机

机车已实施弹停制动，机车弹停控制回路无电、弹停风缸风压低或无法进入机车，但需要缓解机车弹停装置时。

②操作方法

拉动弹停制动缸上的“辅助缓解”手柄，待该轮弹停制动缓解后松开（在 1、6 轮设有 4 个弹停制动缸，应逐个进行缓解操作）。

③验证已实施弹停缓解的方法

机车空气制动在缓解状态（机车外侧空气制动指示器显示绿色），手推或脚蹬弹停制动缸有明显摆动感。

4. 休眠弹停装置的方法

（1）实施时机

当需要彻底切除弹停制动功能，并始终保持机车弹停装置处在缓解状态（如无火回送）时。

（2）操作方法

①关闭弹停塞门，使机车处于弹停制动状态。

②分别拉动1、6轴四个弹停制动缸“辅助缓解”手柄，待弹停制动缓解后松开。

（3）验证弹停装置已休眠的方法

分别按压弹停制动、缓解手动按钮，确认机车外侧弹停装置指示器一直显示红色；机车空气制动在缓解状态（机车外侧空气制动指示器显示绿色），手推或脚蹬弹停制动缸有明显摆动。

5. 激活弹停装置的方法

（1）实施时机

在休眠弹停装置后，需要重新恢复弹停装置功能（如将机车制动系统由无火回送状态恢复至运行状态）时。

（2）操作方法

①开放（打开）弹停塞门。

②恢复控制电路供电，使总风缸（弹停风缸）风压达到650 kPa以上。

③将弹停转换开关由“0”位置“缓解”、“制动”位数次。

（3）验证弹停装置已激活的方法

若将弹停转换开关置“缓解”位，确认机车已处于弹停缓解状态；若将弹停转换开关置“制动”位，确认机车已处于弹停制动状态，则表明休眠的弹停装置已被激活。

6. 利用微机显示屏确认固定重联二位机车弹停装置作用状态的方法

首先使微机显示屏进入显示固定重联二位机车状态，再按以下方法确认：

（1）在“牵引/制动”画面点击〖检修状态〗→输入密码“000”→点击〖确认〗〖状态〗〖信号信息〗→在“信号信息”画面→点击〖DI1〗，进入“DI1”画面第二页，确认

440线，若440线底色为绿色，说明固定重联二位机车的弹停装置处在缓解状态；若440线底色显示黑色，说明固定重联二位机车的弹停装置处在制动状态。

（2）在“牵引/制动”画面点击〖机器状态〗〖开关状态〗→进入“开关状态”画面第三页，确认KP53线，若KP53线底色为绿色，说明固定重联二位机车的弹停装置处在缓解状态；若KP53线底色显示黑色，说明固定重联二位机车的弹停装置处在制动状态。

说明：运行途中，若本务机车状态指示屏“停车制动”灯显示不良，也可按上述方法通过微机显示屏确认本务机车弹停装置的作用状态。

7. 切除受电弓的方法

（1）切除某台机车全部受电弓

①关闭制动控制柜上受电弓控制塞门（将蓝色钥匙逆时针转动90°成水平状态）。

②关闭Ⅰ、Ⅱ端受电弓风路塞门U98。

（2）切除Ⅰ端受电弓

①将受电弓高压隔离控制开关SA96置“Ⅰ端隔离”位。

②关闭Ⅰ端受电弓风路塞门U98。

（3）切除Ⅱ端受电弓

①将受电弓高压隔离控制开关SA96置“Ⅱ端隔离”位。

②关闭Ⅱ端受电弓风路塞门U98。

8. 恢复被锁定主变流器的方法

运行途中，若某一主变流器在3 min内连续发生2次过流故障，该主变流器将被微机控制系统锁定，则无法再利用“复位”按钮使该主变流器恢复到正常工作状态。

若要恢复被锁定的主变流器，则应采取断电、降弓，调速手柄回“0”，再将控制电器柜“主变流器”自动开关QA46断开后再闭合的方法才能将其恢复。

9. 恢复被锁定辅助变流器的方法

运行途中，若某一辅助变流器输入回路在2 min内连续发生2次过流保护或在输出回路2 min连续发生6次过载保护时，该辅助变流器将被微机控制系统锁定，则无法再利用“复位”按钮使该辅助变流器恢复到正常工作状态。

若要恢复被锁定的辅助变流器，则应采取断电、降弓，调速手柄回“0”，再将控制电器柜“辅变流器”自动开关QA47断开后再闭合的方法才能将其恢复。

10. 固定重联机车有火回送时的设置方法

（1）固定重联一位机车

①按正常程序与本务机车连接列车管。

②确认制动系统设置到“单机”状态，小闸手柄置“运转”位，大闸手柄锁定到“重联”位。

③确认机车弹停装置已处于缓解状态。

④升弓、闭合主断路器，压缩机扳键开关置“压缩机”位，以保证运行途中有火回送机车总风缸风压在750 kPa以上。

（2）固定重联二位机车

①确认小闸手柄置“运转”位，大闸手柄锁定到“重联”位。

②确认机车弹停装置已处于缓解状态。

③断开控制电器柜除“蓄电池”、“车内照明”以外的所有自动开关。

（3）注意事项

①有火回送时，警惕装置正常投入使用，故机车乘务员

应按照规定及时按压警惕按钮或脚踩警惕开关，谨防警惕装置动作。

②在本务机车进行制动机试验时，确认有火回送的固定重联机车列车管风压受本务机车控制，机车制动缸风压受列车管风压变化控制（列车管减压量/制动缸风压约为1∶2.3）。

③有火回送时，操纵制动系统被设置为“单机”状态机车的操纵端小闸手柄，可对两台固定重联的有火回送机车进行单独制动或缓解；本务机车实施列车管减压时，可通过侧压制动系统被设置为“单机”机车的操纵端小闸手柄，来缓解有火回送机车制动缸的风压。

④有火回送时，任一机车的大闸手柄置“紧急”位，列车仍可产生紧急制动作用。

11. 单台机车有火回送时的设置方法

（1）按正常程序与本务机车连接列车管。

（2）制动系统设置到“单机”状态，小闸手柄置“运转”位，大闸手柄锁定到“重联”位。

（3）确认弹停装置已处于缓解状态。

（4）升弓、闭合主断路器，压缩机扳键开关置“压缩机”位，以保证运行过程中有火回送机车总风缸风压在750 kPa以上。

注意：

（1）有火回送时，警惕装置正常投入使用，故机车乘务员应按照规定及时按压警惕按钮或脚踩警开关，谨防警惕装置动作。

（2）在本务机车进行制动机试验时，确认有火回送机车列车管受本务机车控制，制动缸风压受列车管风压变化控制（列车管减压量/制动缸风压约为1∶2.3）。

（3）操纵有火回送机车小闸手柄，仍可控制有火回送机车的制动缸风压。

（4）有火回送时，大闸手柄置“紧急”位，列车仍可产生紧急制动作用。

12. 机车由有火回送状态恢复到正常运行状态的方法

（1）按正常程序摘除与本务机车连接的列车管。

（2）解除对操纵端大闸手柄的锁定。

（3）将制动系统设置恢复到正常运行状态。

（4）确认控制电器柜自动开关均恢复至正常运行时的状态。

13. 无法与本务机车进行平均管、总风联管连接的机车，其无火回送时的设置方法

（1）司机控制器手柄置“0”位。

（2）小闸手柄置“运转”位，大闸手柄锁定到“重联”位。

（3）保留控制电器柜“车内照明”自动开关 QA48 及“蓄电池”自动开关 QA61 在“闭合”位，断开控制电器柜其他所有自动开关（若机车控制电路故障，则断开控制电器柜所有自动开关）。

（4）确认列车管已连接妥当。

（5）关闭弹停塞门，确认机车已实施弹停制动。

（6）将制动控制柜上无火回送塞门转至“无火回送”位。

（7）利用总风缸排水塞门，将总风缸风压排至 350 kPa 左右（时间不允许可暂时不做）。

（8）拉动弹停制动缸上的“辅助缓解”手柄，确认弹停装置已缓解。

（9）开放平均管、列车管折角塞门（此时，平均管通大气）。

注意：

（1）当拉动弹停制动缸上的“辅助缓解”手柄缓解弹停制动后，此时机车外侧弹停装置指示器仍显示红色，其已不具备正常指示作用，需要检查闸片与制动盘的间隙或脚蹬弹停制动缸来确认各弹停制动器是否缓解。

（2）无火回送设置完毕，本务机车缓解列车后，通过列车管向无火回送机车的总风缸（此时其起到车辆辅风缸的作用）进行充风，一台机车总风缸充到 250 kPa 约须 30 min，故无火回送的机车越多，本务机车通过列车管给无火回送机车总风缸充风的时间就越长，基本是以倍数递增。

（3）因无火回送机车总风缸风压表此时已不能正常反映总风缸风压，当需要判定无火回送机车总风缸是否充满风时，可将本务机车大闸手柄置“初制”位，无火回送机车司机可通过观察列车管风压表，根据列车管的泄漏量来进行判断。

（4）因各机车的总风风路管系和闸缸作用管系的密封程度不同，会造成不同的机车无火回送后列车管的保压程度、总风缸充风时间不同。

（5）将无火回送机车的大闸手柄置“紧急”位，列车仍能产生紧急制动作用。

14. 可与本务机车进行平均管、总风联管连接的机车，其无火回送时的设置方法

（1）司机控制器手柄在“0”位。

（2）小闸手柄置“运转”位，大闸手柄锁定到“重联”位。

（3）确认机车弹停装置已处于缓解状态。

（4）保留控制电器柜“车内照明”自动开关 QA48 及“蓄电池”自动开关 QA61 在“闭合”位，断开控制电器柜其他所有自动开关（若机车控制电路故障，则断开控制电器柜所有自动开关)。

(5) 确认列车管、平均管、总风联管已连通。

注意:

(1) 该机车的制动系统可产生与本务机车相同的制动、缓解、保压作用。

(2) 将无火回送机车的大闸手柄置“紧急”位，仍能使全列车产生紧急制动作用。

15. 将机车制动系统由无火状态恢复至正常运行状态的方法

(1) 按正常程序摘除列车软管(列车管、平均管、总风联管)。

(2) 检查、确认无火回送塞门在“正常运转”位。

(3) 检查、确认弹停塞门在“开放”位。

(4) 闭合控制电器柜所有自动开关(除规定断开的部分自动开关)。

(5) 确认总风缸风压在750 kPa以上(若控制风路风压在650 kPa以下，应启动辅助压缩机，待控制风路风压升至650 kPa以上时，再升弓、闭合主断路器，启动主压缩机，使总风缸风压达到750 kPa以上)。

(6) 激活弹停装置或使用弹停转换开关对弹停装置进行功能试验(弹停转换开关置“制动”位，观察状态指示屏“停车制动”红灯亮。下车确认弹停装置指示器显示红色；弹停转换开关置“缓解”位，观察状态指示屏“停车制动”红灯灭。下车确认弹停装置指示器显示绿色)。

16. 具有双管供风性能的单台 HXD_3 型机车与需双管供风的客车连挂后的设置方法

具有双管供风性能的单台 HXD_3 型机车与需双管供风的客车连挂后，按以下步骤进行设置:

（1）将位于空气干燥器与制动控制柜之间的双管供风塞门2和位于Ⅰ端压缩机左侧下方的双管供风塞门1关闭后，下车开放任一总风联管折角塞门，排除总风联管内余风后将其关闭。

（2）开放双管供风塞门1。

（3）观察列车供风调压阀风压表及副台压力仪表模块的总风风压表，其应显示600 kPa±30 kPa。若其显示不符合该要求时，则通过调整列车供风调压阀的输出风压使其达到显示要求。

注意：

由于机车进行双管供风设置后，其副台压力仪表模块的总风风压表显示的是供给客车的风压（设定为固定值600 kPa）。故需确认总风风压时，应通过观察制动显示屏来实现。

17. 具有双管供风性能的固定重联 HXD_3 型机车与需双管供风的客车连挂时，对一位、二位机车的设置方法

具有双管供风性能的固定重联 HXD_3 型机车与需双管供风的客车连挂时，将一位、二位机车按以下步骤进行设置：

（1）分别将一位、二位机车位于空气干燥器与制动控制柜之间的双管供风塞门2和位于Ⅰ端压缩机左侧下方的双管供风塞门1关闭（手把位置与管路垂直），然后开放任一机车端部的总风联管折角塞门，排除管路余风后再将其关闭。

（2）开放一位机车的双管供风塞门1。

（3）观察一位机车列车供风调压阀风压表及副台压力仪表模块的总风风压表，其应显示600 kPa±30 kPa。若其显示不符合该要求时，则通过调整列车供风调压阀的输出风压使其达到显示要求。

注意：

（1）由于机车进行双管供风设置后，固定重联一位机车副台压力仪表模块的总风风压表显示的是供给客车的风压（设定为固定值 600 kPa）。故需确认总风风压时，应通过观察制动显示屏来实现。

（2）因 HXD_3 型固定重联一位机车无法监测到二位机车总风缸风压，故若按上述设置牵引客车时，二位机车需安排专人监视、以保证其总风缸风压不低于 700 kPa。

18. 更换制动显示屏的方法

（1）先将机车电钥匙置“0”位，再断开机车控制电器柜“蓄电池”自动开关 QA61。

（2）在更换制动显示屏时，为节省时间，最好两端同时进行拆除。先拆掉 4 个安装螺栓，拔下 2 个航空插头，再拆掉接地线（注意：对换到非操纵端的故障制动显示屏可不安装，但需将非操纵端接地线包扎好）。

（3）制动显示屏更换结束，闭合控制电器柜“蓄电池”自动开关 QA61，机车电钥匙置“合”位，待制动显示屏启动完毕后，还应按本章 19 条的方法对操纵端制动显示屏进行重新设定（主要为A/B端、本机的重新设定）。

19. 制动显示屏A/B端的重新设定方法

更换制动显示屏后，待制动显示屏启动完毕，应对其 A/B 端重新进行设定，其设定方法如下：

点击 F7“显示信息”键，再点击 F3“机车号”键，使用 F4 键将光标移动到机车号最后一个字母下方（Ⅰ端为 A，Ⅱ端为 B），然后点击 F1“递增”键，使机车号及字母与微机显示屏的“Ⅰ、Ⅱ端”匹配，再点击 F6“接受”键，最后点击 F8“退出”键，确认显示屏右下方新设置的 A/B 端显示正确。

20. 修改微机显示屏日期的方法

(1) 在微机显示屏“牵引/制动”画面，点击〖检修状态〗触摸键，微机显示屏进入“密码设定”画面。

(2) 在微机显示屏“密码设定”画面，输入数字000后，点击〖确认〗键。

(3) 点击〖设定〗键，微机显示屏进入“设定菜单”画面。

(4) 点击〖时钟设定〗键，微机显示屏显示原年、月、日、时、分。

(5) 点击〖日〗触摸键，日字底色变为蓝色，再点击〖清除〗触摸键，消除微机显示屏原显示日期，再点击需要修改后日期数字键，最后点击〖设定〗键、〖确认〗键。

(6) 确认微机显示屏日期被成功修改后，连续点击〖返回〗键，使微机显示屏返回到“牵引/制动”画面。

21. 运行途中，需要登上车顶处理故障时的安全注意事项

(1) 司机亲自（或通过车站值班员代理）申请停电，机车乘务员得到该区段已停电，允许机车乘务员登上车顶处理故障的调度命令。

(2) 在越过电调发布的停电起始时分后，通过降弓时受电弓离网无拉弧判定接触网已经停电（降弓情况下，网压表无显示也可作为接触网已经停电的辅助判定方法）。

(3) 确认接触网已经停电后，将组合好的接地杆线的接地端固定在钢轨（机车轴箱）上，由司机监护，随乘（学习）司机将接地杆挂在接触网上。

(4) 按高压接地开关的转换方法，将高压接地开关由“运行”位转至“接地”位，拔出一把黄色钥匙。

(5) 将黄色钥匙插入车顶天窗锁孔，打开车顶天窗锁闭器。

(6) 打开车梯锁闭器，放下车梯（注意放下车梯时，手应抓住最下端锁闭杆，谨防夹手）。若车梯长度不够，可拔出车梯高度调整固定销，将车梯调整到需要高度。

（7）登上车梯，将车顶天窗盖打开至最大，司机将头从车顶露出后，再次确认接地线已挂好。

（8）登上车顶后，及时挂好安全带，检查、处理故障时，要站稳、抓牢，防止阵风造成的人身安全事故。

（9）故障处理完毕，再次确认处理处所无异状，清点所带工具齐全后从车顶天窗进入机车内部。

（10）关闭车顶天窗盖并锁闭，拔下黄色钥匙，收起车梯并锁闭，按高压接地开关的转换方法，将高压接地开关由“接地”位转至“运行”位，拔出蓝色钥匙，插入制动控制柜锁孔内，开放受电弓控制塞门。

（11）撤下接地杆，拆除接地线的接地固定端。

（12）司机亲自（或通过车站值班员代理）申请恢复送电，得到电调该区段已恢复供电的命令后，恢复运行。

22. 运行途中，切除固定重联二位机车的方法

运行途中，采用固定重联运行方式的二位机车故障需要将其切除时：

（1）区间可先利用微机显示屏触摸开关切除二位机车的主、辅变流器，尽量使列车维持进站后再进行处理。

（2）在前方站停车后，若总风供风系统正常时：

①确认二位机车弹停装置已处于缓解状态。

②断开二位机车控制电器柜“蓄电池”自动开关。

③关闭二位机车制动控制柜上受电弓控制塞门（将蓝色钥匙逆时针转动90°成水平状态或拔出蓝色钥匙）。

④确认固定重联一位机车微机控制系统进入“单机”控制模式。

（3）在前方站停车后，若二位机车制动系统故障，不能保证弹停风缸正常供风时，则将二位机车按无火回送的处理方法进行处理。

23. 固定重联机车故障，需要撤除固定重联，使两台机车按一般重联方式运行的方法

（1）制动停车后，断电、降弓，断开两台机车控制电器柜的“蓄电池”自动开关 QA61。

（2）撤除重联线，关闭平均管、总风联管折角塞门。

（3）闭合两台机车控制电器柜“蓄电池”自动开关 QA61，确认微机控制系统均进入“单机”控制模式。

（4）前位机车制动系统设为“本机货车”状态，后位机车制动系统设为“单机”状态。

（5）后位机车听从前位机车指挥，执行一般重联机车联系、操纵办法维持运行。

（6）后位机车微机控制设为“单机”控制模式后，其警惕装置已投入使用，故后位机车乘务员必须按照规定及时按压警惕按钮或脚踩警惕开关，谨防警惕装置动作。

24. 运行途中，因故断开再闭合控制电器柜“蓄电池”自动开关后的“运记”操作方法

运行途中，因故断开再闭合控制电器柜“蓄电池”自动开关后，若“运记”已经降级，应对“运记”重新进行设定，重新开车。对“运记”重新设定的列车，待列车头部运行到前架信号机（预告信号机前为地面信号发码箱）处，切记进行“运记”距离校正操作。

列车运行在自动闭塞区间，若需断开控制电器“蓄电池”自动开关前，应详细记录已通过及前方一架信号机的编号，以利再开车时的“运记”距离校正操作。

25. 确定司机台扳键开关组故障的方法

若进行扳键开关操作后，其所控制的电器不能正常工作，且又符合以下情况之一时，即可确定扳键开关组故障。

（1）目视

外观检查发现扳键开关组烧损、断裂、破损。

（2）动作试验

发现机械联锁故障、扳键卡劲。

（3）通过微机显示屏确认

在“牵引/制动”画面点击〖检修模式〗→输入密码“000”→点击〖确认〗〖状态〗〖信号信息〗→在“信号信息”画面→点击〖DI2〗，进入“DI2”画面，查看不同扳键开关操作时，是否有对应的信号输出。

①若在Ⅰ端操纵，进入“DI2”第一页确认。

正常情况下：

a. 机车电钥匙置“合”位：

501线底色变绿（Ⅱ端操纵，601线底色变绿）。

b. 受电弓扳键开关置“后受电弓”位：

514线底色变绿。

c. 受电弓扳键开关置“前受电弓”位：

515线底色变绿。

d. 主断扳键开关置“主断合”位：

516线底色变绿。

e. 主断扳键开关置“主断分”位：

517线底色变绿。

f. 压缩机扳键开关置“强泵风”位：

518线底色变绿。

g. 压缩机扳键开关置“压缩机”位：

519线底色变绿。

若扳键开关置某一位时，其对应的信号线底色未变绿，即可确定该扳键开关故障。

②若在Ⅱ端操纵，机车电钥匙仍在“DI2”第一页判断，其他扳键开关在“DI2”第二页进行判断。

正常情况下：

a. 受电弓扳键开关置“后受电弓”位：

614 线底色变绿。

b. 受电弓扳键开关置“前受电弓”位：

615 线底色变绿。

c. 主断扳键开关置“主断合”位：

616 线底色变绿。

d. 主断扳键开关置“主断分”位：

617 线底色变绿。

e. 压缩机扳键开关置“强泵风”位：

618 线底色变绿。

f. 压缩机扳键开关置“压缩机”位：

619 线底色变绿。

若扳键开关置某一位时，其对应的信号线底色未变绿，即可确定该扳键开关故障。

26. 确定司机控制器故障的方法

若进行司机控制器操作后，其所控制的电器不能正常工作，且又符合以下情况之一时，即可确定司机控制器故障。

（1）目视

外观检查发现司机控制器烧损、断裂、破损。

（2）动作试验

发现机械联锁故障、手柄卡劲。

（3）通过微机显示屏确认

在“牵引/制动”画面点击〖检修模式〗→输入密码“000”→点击〖确认〗〖状态〗〖信号信息〗→在“信号信

息”画面→点击〖DI2〗，进入“DI2”第一页，查看司机控制器置不同位置时，是否有对应的信号输出。

正常情况下：

a. 换向手柄置“前”位：

Ⅰ端操纵 502 线底色变绿；Ⅱ端操纵 602 线底色变绿。

b. 换向手柄置“0”位：

Ⅰ端操纵 503 线底色变绿；Ⅱ端操纵 603 线底色变绿。

c. 换向手柄置“后”位：

Ⅰ端操纵 504 线底色变绿；Ⅱ端操纵 604 线底色变绿。

d. 调速手柄置“制”区：

Ⅰ端操纵 506 线底色变绿；Ⅱ端操纵 606 线底色变绿。

e. 调速手柄置“0”位：

Ⅰ端操纵 507 线底色变绿；Ⅱ端操纵 607 线底色变绿。

f. 调速手柄置“牵引”区：

Ⅰ端操纵 508 线底色变绿；Ⅱ端操纵 608 线底色变绿。

g. 按下警惕装置按钮：

521 线底色变绿。

若司机控制器置某一位时，其对应的信号线底色未变绿，即可确定该司机控制器故障。

27. 更换司机台扳键开关组的方法

（1）拆除

①断开控制电器柜上“蓄电池”自动开关 QA61。

②拆下“前照灯”球形手柄、“司机室灯”T 形手柄、“压缩机”T 形手柄及机车电钥匙转柄。

③将扳键开关组面板拆下（注意可能先要将安装板背面安装柱上的 M5 螺母拆下）。

④将安装板四角的沉头螺钉拆下。

⑤拔下扳键开关组插头（两个）。

⑥取出扳键开关组。

（2）安装

①放入扳键开关组。

②紧固安装板四角的沉头螺钉。

③安装、紧固扳键开关组插头（两个）。

④安装扳键开关组面板。

⑤安装“前照灯”球形手柄、“司机室灯”T 形手柄、“压缩机”T 形手柄及机车电钥匙转柄。

⑥闭合控制电器柜上“蓄电池”自动开关 QA61。

28. 更换司机控制器的方法

（1）拆除

①断开控制电器柜上“蓄电池”自动开关 QA61。

②拔下换向手柄、插头。

③利用面板背后的螺柱将面板顶起，取下面板。

④拆下司机控制器安装板上的安装螺钉，取下司机控制器。

（2）安装

①安放司机控制器，安装、紧固司机控制器安装板上的安装螺钉。

②安装面板。

③安装、紧固插头，插入换向手柄。

④闭合控制电器柜上“蓄电池”自动开关 QA61。

29. 确认控制电源充电装置工作状态的方法

（1）司机室确认蓄电池是否充电

在司机室确认微机显示屏“牵引/制动”画面控制电路电压及多功能状态组合模块控制电路电压表，若均显示 110 V，则表明蓄电池处于充电状态。

（2）确认控制电源充电装置工作状态

在微机显示屏“牵引/制动”画面点击〖机器状态〗〖辅

助电源〗，进入“辅助电源”画面，检查确认 PSU1、PSU2 状态，若 PSU1、PSU2 底色显示红色，表明其处在“故障”或“切除”状态；底色显示绿色表明其处在“正常”工作状态；底色显示黑色表明其处在“停止”工作状态。正常运行时，PSU1、PSU2 应一个底色显示绿色，另一底色显示黑色。

30. 确认警惕按钮、警惕开关作用的方法

在微机显示屏“牵引/制动”画面，点击〖检修模式〗→输入密码“000”→点击〖确认〗〖状态〗〖信号信息〗→进入“信号信息”画面→点击〖DI2〗，进入“DI2”第一页，检查、确认 521 线信号。

若按压警惕按钮或脚踩警惕开关后，521 线底色变为绿色，松开后，521 线底色恢复黑色，则表明警惕按钮或警惕开关作用良好；若按压警惕按钮或警惕开关后，521 线底色未变为绿色，或按压警惕按钮、脚踩警惕开关后，521 线底色变为绿色，但松开后，521 线底色未恢复为黑色，即表明警惕按钮或警惕开关作用不良。

31. 运行途中，状态指示屏“预备”灯的正常显示

（1）当换向手柄不在“0”位，而调速手柄处在“0”位，且只要有一组主变流器处于正常工作状态时，状态指示屏“预备”灯亮。

（2）调速手柄离开“0”位，状态显示屏“预备”灯灭。

（3）换向手柄回“0”位后，状态指示屏“预备”灯不灭，约 7 min 后，所有主变流器中间回路电压均降至 36 V 以下时，状态指示屏“预备”灯灭。

（4）六组主变流器全部切除后，状态指示屏“预备”灯一直不亮。

32. 通过制动显示屏，查看制动机故障记录的方法

需要通过制动显示屏，查看制动机故障记录时，应在机车处于停止状态、司机控制器手柄在“0”位时进行。

查看方法：

在制动显示屏正常显示画面点击 F3“电空制动”键→点击 F7“维护菜单”键→点击 F2“事件记录”键进入“事件/故障记录”画面，就可查看制动机故障记录内容。查看完毕，按压 F8“返回”键，制动显示屏恢复正常显示画面。

33. 确认主、辅变流器工作状态的方法

在微机显示屏“牵引/制动”画面点击〖开放状态〗，进入“开放”画面，确认主（辅）变流器 CI※（APU※）字母对应上方的显示：

（1）若显示绿底色“正常”二字，即表明该主（辅）变流器处在正常工作状态；

（2）若显示红底色“开放”二字，即表明该主（辅）变流器处在人工切除状态；

（3）若显示红底色“故障”二字，即表明该主（辅）变流器已处在故障状态或因故已被微机控制系统自动切除。

列车运行时，只有处在正常工作状态的主（辅）变流器才能正常投入工作。

34. 运行途中，固定重联一位机车卸载、常用制动动作时的操作方法

由于设计原因，当 HXD_3 型机车采用固定重联运行方式时，若一位机车卸载、常用制动动作后，则会出现二位机车不卸载的反常情况。为了消除其可能造成的不良后果，故当 HXD_3 型机车采用固定重联运行方式时，司机发现一位机车卸载、常用制动动作，就应立即采取断电、调速手柄回“0”位、大闸手柄置“抑制”位的措施，待列车实际速度降低到允许缓解速度后方可将大闸手柄置回“运转”位。

35. 为消除站停机车制动机故障，对机车制动机进行“自检”时的操作方法

（1）制动系统设置

①对该机车实施弹停制动。

②保证制动系统得电正常。

③保证压缩机工作正常，总风缸风压在 750 kPa 以上。

④在制动状态下关闭该机车靠车辆端列车管折角塞门（固定重联一位机车为靠二位机车端总风联管、列车管、平均管折角塞门）。

⑤确认该机车制动系统设置为“本机货车”状态。

⑥大、小闸手柄均置“运转”位。

⑦确认司机控制器手柄在“0”位。

（2）制动显示屏运行自检程序

①依次点击 F3“电空制动”、F7“维护菜单”键，制动显示屏进入“空气制动主菜单”画面。

②点击 F1“自检”键，进入“自检授权”画面。

③输入密码 312123（点击 1、2、3 数字下面对应的 F1、F2、F3 键）。

④点击 F5“接受”键，进入“单节自检”画面。

⑤点击 F1“运行”键，自检开始。

⑥自检结束后，点击 F8“退出”键，制动显示屏返回主画面。

（3）恢复制动机设置

①大闸手柄置“抑制”位，小闸手柄置“全制”位。

②开放该机车靠车辆端列车管折角塞门（固定重联一位机车为靠二位机车端总风联管、列车管、平均管折角塞门）。

③缓解弹停制动。

④进行制动机简略试验，确认列车制动良好。

36. 主变流器水流量计、水位计的检查调整方法

（1）主变流器水流量计的检查

在高压状态（即升弓、合主断的状态）下，检查、确认主变流器水流量计黑色指针应指向刻度 200 L/min。如黑色指针高于或低于 200 L/min，可通过流量调节阀调节至 200 L/min。

（2）主变流器水流量计的调节方法

主变流器水流量的调节必须在机车处于高压状态下进行。正常情况下，流量调节阀的两个紧固螺栓处于紧固状态下，此时流量调节阀被锁死。

①先将流量调节阀的两个紧固螺栓松掉。

②旋转流量调节阀，使主变流器水流量计黑色指针处于 200 L/min 的位置。

③水平紧固流量调节阀的两个紧固螺栓（注意：两螺栓紧固时需水平紧固且力矩不要太大）。

要求：主变流器水流量计流量调整至 200 L/min 后，流量调节阀的两个紧固螺栓必须紧固，使流量调节阀处于锁死的状态，平时不允许人为的随意调整流量。

第四章　制动系统设置

HXD_3 型机车制动系统有 6 种基本设置。其在一定条件下，“本机货车”、“本机客车”、“单机”、“补机” 4 种状态可通过制动显示屏触摸开关进行设置。

1. 本机货车状态

牵引货物列车、无阶段缓解功能的旅客列车及单机运行时，本务机车的制动系统均设为“本机货车”状态。在此状态，机车的单独制动与缓解可通过操作小闸手柄来实现；列车的制动、缓解、保压可通过操作大闸手柄来实现。

设置方法：

（1）采用固定重联运行方式时，应先将二位机车制动系统设置为“补机”状态。

（2）大闸手柄置“运转”位，小闸手柄置“全制”位。

（3）点击 F3“电空制动”键，机车当前的设置信息显示在制动显示屏消息栏中。按照“本机货车”状态“600（500）kPa、操纵端、列车管投入、货车、不补风”的要求，选择点击不同的键（F4 操纵端/非操纵端、F5 列车管投入/列车管切除、F6 货车/客车），机车新设置的信息就会显示在制动显示屏消息栏中（在原设置信息上方，字体为淡灰色）。

（4）若确认新设置信息正确后，点击 F1 键执行，显示屏显示新设置的“本机货车”状态；若确认新设置信息的列车管风压、补风/不补风未达到“本机货车”状态要求时，则再点击 F3“其他”键进入下一菜单，选择点击不同键（F3 定压

500/600 kPa、F4 减少 10 kPa、F5 增加 10 kPa、F7 补风/不补风），当新设置达到“本机货车”要求后，点击两次 F1 键执行，制动系统即进入新设置的“本机货车”状态。

2. 本机客车(阶段缓解)**状态**

特别注意：制动显示屏仍显示“本机”状态，仅在当前设置中确认为客车。

牵引具有阶段缓解功能的旅客列车时，本务机车的制动系统设为“本机客车”状态。在此状态，机车的单独制动与缓解可通过操作小闸手柄来实现；列车的制动、缓解、保压可通过操作大闸手柄来实现。但大闸在常用制动区，随着大闸手柄移动，均衡风缸、列车管可随时增减压（即有阶段缓解功能）。

设置方法：

（1）大闸手柄置“运转”位，小闸手柄置“全制”位。

（2）换向手柄置“0”位。

（3）点击 F3“电空制动”键，机车当前的设置信息显示在制动显示屏消息栏中。按照“本机客车”状态“600（500）kPa、操纵端、列车管投入、客车、补风”的要求，选择点击不同的键（F4 操纵端/非操纵端、F5 列车管投入/列车管切除、F6 货车/客车），机车对应改变的设置信息就会显示在制动显示屏消息栏中（字体为淡灰色）。

（4）若确认新设置信息正确后，点击 F1 键执行，制动系统即被设置为“本机客车”状态（显示屏仍显示“本机”状态）；若确认新设置信息的列车管风压、补风/不补风未达到“本机客车”状态要求时，则再点击 F3“其他”键进入下一菜单，选择点击不同键（F3 定压 500/600、F4 减少 10 kPa、F5 增加 10 kPa、F7 补风/不补风），当新设置达到“本机客车”要求后，点击两次 F1 键执行，制动系统即进入新设置的“本机客车”状态（显示屏仍显示“本机”状态）。

制动系统设置为“本机客车”状态后，制动显示屏仍显示“本机”，仅在当前设置中确认为“客车”状态。

3. 单机状态

当机车按一般重联运行或有火附挂运行，且与本务机车不进行平均管连接时将其制动系统设为“单机”状态。在此状态，控制列车管风压的能力被切除，即本台机车失去了除紧急制动以外操控列车管风压的能力，机车的制动、缓解、保压可根据列车管风压的变化而变化。但小闸仍可干预本车机车制动缸风压。

设置方法：

（1）采用固定重联运行方式时，应先将二位机车制动系统设置为“补机”状态。

（2）大闸手柄锁定“重联”位，小闸手柄置“全制”位。

（3）换向手柄置“0”位。

（4）点击 F3“电空制动”键，机车当前的设置信息显示在制动显示屏消息栏中。按照“单机”状态“600（500）kPa、操纵端、列车管切除、货车、不补风”的要求，选择点击不同的键（F4 操纵端/非操纵端、F5 列车管投入/列车管切除、F6 货车/客车），机车对应改变的设置信息就会显示在制动显示屏消息栏中（字体为淡灰色）。

（5）若确认新设置信息正确后，点击 F1 键执行，显示屏显示新设置的“单机”状态；若确认新设置信息的列车管风压、补风/不补风未达到“单机”状态要求时，则再点击 F3“其他”键进入下一菜单，选择点击不同键（F3 定压 500/600、F4 减少 10 kPa、F5 增加 10 kPa、F7 补风/不补风），当新设置达到“单机”要求后，点击两次 F1 键执行，该机车制动系统即进入新设置的“单机”状态。

4. 补机状态

当机车有火附挂运行，且与本务机车进行平均管连结及采用固定重联运行方式的二位机车，其制动系统设为“补机”状态。在此状态，该机车的大、小闸手柄失去了除大闸在“紧急”位以外的所有功能。机车的制动、缓解、保压通过平均管来控制。

设置方法：

（1）小闸手柄置“全制”位，大闸手柄锁定在“重联”位。

（2）换向手柄置“0”位。

（3）点击 F3“电空制动”键，机车当前的设置信息显示在制动显示屏消息栏中。按照“补机”状态“600（500）kPa、非操纵端、列车管切除、货车、不补风”的要求，选择点击不同的键（F4 操纵端/非操纵端、F5 列车管投入/列车管切除、F6 货车/客车），机车对应改变的设置信息也会显示在制动显示屏消息栏中（字体为淡灰色）。

（4）若确认新设置信息正确后，点击 F1 键执行，显示屏显示新设置的“补机”状态；若确认新设置信息的列车管风压、补风/不补风未达到“补机”状态要求时，则再点击 F3“其他”键进入下一菜单，选择点击不同键（F3 定压 500/600、F4 减少 10 kPa、F5 增加 10 kPa、F7 补风/不补风），当新设置达到“补机”要求后，点击两次 F1 键执行，该机车制动系统即进入新设置的“补机”状态。

（5）小闸手柄置“运转”位。

（6）确认与本务机车列车管、总风管、平均管连通。

5.“无火一”状态

当机车因故需采用无火回送状态运行且连挂在车辆后或虽连挂在机车后但无法与前台机车进行总风联管、平均管连接及弹停装置故障时，将制动系统设置成“无火一”状态。

在此状态，机车的制动、缓解与保压与货运车辆相同。

设置方法：

（1）司机控制器手柄置“0”位。

（2）小闸手柄置“运转”位，大闸手柄锁定在“重联”位。

（3）关闭弹停制动塞门，实施弹停制动。

（4）断开控制电器柜上除“蓄电池”“车内照明”以外的所有自动开关。

（5）将制动控制柜上无火回送塞门转到“无火回送”位。

（6）利用总风缸排水塞门，将总风缸风压排至350 kPa左右（时间不允许可暂时不做）。

（7）拉动弹停制动缸上的“辅助缓解”手柄，确认弹停装置已缓解。

（8）连接列车管，打开折角塞门。

（9）开放平均管折角塞门（平均管通大气）。

6. “无火二”状态

当机车因故采用无火回送状态运行且连挂在本务机车后，并与本务机车可进行总风联管、平均管连接时，将制动系统设置成“无火二”状态。在此状态，该机车的制动、缓解与保压与本务机车相同。

设置方法：

（1）司机控制器手柄置“0”位。

（2）小闸手柄置“运转”位，大闸手柄锁定在“重联”位。

（3）确认机车弹停装置已处于缓解状态。

（4）断开控制电器柜上除“蓄电池”、“车内照明”以外的所有自动开关。

（5）确认列车管、总风联管、平均管已连通。

第五章　机 车 试 验

一、低压试验

（一）准备工作

1. 确认车顶门、控制电器柜柜门锁闭良好，高压接地开关在“运行”位（两把黄色钥匙插入）；蓝色钥匙插入制动控制柜锁孔，开通受电弓风路（蓝色钥匙呈垂直状态）。

2. 确认各风路塞门在正常工作位置（制动控制柜：总风塞门 A24、踏面清扫塞门 B50.02（后期机车已取消）、弹停塞门 B40.06、撒砂塞门 F41.02、制动缸塞门 Z10.22 在开放位；干燥器下：控制风缸塞门 U77 在开放位、总风缸排水塞门 A12 在关闭位；压缩机与Ⅰ端变流柜间侧墙：Ⅱ端受电弓塞门 U98 在开放位；压缩机与Ⅰ端变流柜间小地板下：弹停风缸排水塞门 A14、控制风缸排水塞门 U88 均在关闭位；控制电器柜与Ⅱ端变流柜间侧墙：主断路器供风塞门 U94、Ⅰ、Ⅱ端受电弓高压隔离开关塞门 U95、Ⅰ端受电弓塞门 U98 均在开放位）。

3. 确认总风缸风压不低于 750 kPa；机车控制电路电压不低于 96 V。

4. 确认控制电器柜上的自动开关位置正确（除直流加热及自动过分相自动开关在“断开”位外，其余自动开关均在“闭合”位）。

5. 实施弹停制动。

6. 司机室各控制器在“0”位，打开机械室门。

（二）试验顺序及要求

1. 微机显示屏试验

（1）状态指示屏“微机正常”、“主断分”、“零位”“欠压”、“辅变流器”、“水泵”、“停车制动”灯亮。

（2）点击状态指示屏“自检”按钮，所有状态指示灯均亮。

（3）确认微机显示屏显示正常，其网压、控制电路电压显示与仪表模块显示一致。

（4）主、辅变流器切除试验

利用微机显示屏触摸开关，分别将主变流器、辅变流器切除、恢复一次。

2. 弹停装置试验

（1）弹停转换开关置“缓解”位

确认弹停制动缓解，状态指示屏“停车制动”红灯灭。

（2）弹停转换开关置“制动”位

确认弹停装置制动，状态指示屏“停车制动”红灯亮。

3. 机车照明试验

依次闭合仪表、司机室、走廊、车底、前（副）照灯、标志等照明灯开关，检查各照明灯照明良好、逻辑控制关系正确。

4. 辅助设备试验

检查遮阳帘、风扇、刮雨器、工作状态良好，功能与控制开关指示位置相符合。

5. 机车电钥匙试验

（1）机车电钥匙置“合”位

观察制动显示屏启动正常，检查制动显示屏各数据、参数设置正确。

（2）将大闸手柄置“抑制”位 1 s 后回“运转”位、小闸手柄置“全制”位观察制动显示屏“动力切除”消除，制动显示屏均衡风缸、列车管风压显示600（500）kPa、机车制动缸风压显示300 kPa。

6. **主变流器试验**

将主变流器试验开关（SA75）置“试验”位，进行以下试验：

（1）主断路器试验

①将主断路器扳键开关（SB43或SB44）置“主断合”位。

听主断路器闭合声；看状态指示屏“主断分”灯灭，微机显示屏显示主断“合”。

②将主断路器扳键开关（SB43或SB44）置“主断分”位。

听主断路器断开声；看状态指示屏“主断分”灯亮，微机显示屏显示“主断分”。

（2）牵引试验

①“前”位牵引试验

a. 换向手柄置“前”位

听充电、工作接触器动作声，看微机显示屏方向指示与手柄位置一致。

b. 缓慢将调速手柄由“0”推向“牵引”区最大位

看状态指示屏“零位”灯火、微机显示屏级位显示从0.0升至13.0，各轴输出显示由0升至约95 kN。

c. 缓慢将调速手柄退至“0”位

看微机显示屏级位和牵引力显示逐步回“0”、状态指示屏“零位”灯亮。

d. 换向手柄置“0”位

听工作接触器断开声。

②“后”位牵引试验

试验内容同“前”位牵引试验。

（3）电制动试验

①换向手柄置“前”位，将调速手柄拉向“制动区”并逐渐移至最大位 。

看状态指示屏“零位”灯灭、“电制动”灯亮；听制动系统短暂排风声（机车制动缸有风时）；看微机显示屏手柄级位由 11.9 级～1 级间变化。

②调速手柄退回“0”位。

看状态指示屏“电制动”灯灭、“零位”灯亮。

③缓解机车制动，大闸手柄置“初制动”位，将调速手柄置“制动区”。

看状态指示屏“零位”灯灭、“电制动”灯亮；观察机车制动缸缓解。

④调速、换向手柄回“0”位。

（4）试验完毕，主变流器试验开关（SA75）恢复至“0”位。

7. 撒砂试验

分别将换向手柄置“前”、“后”位，脚踩撒砂开关 SA83（SA84），确认撒砂装置作用良好。

8. 警惕装置试验

在微机显示屏“牵引/制动”画面点击〖检修状态〗→输入密码“000”→点击〖确认〗〖状态〗〖信号信息〗→进入“信号信息”画面→点击〖DI2〗→进入“DI2”画面第一页，手按警惕按钮或脚踩警惕开关，看 521 线底色变绿；松开后，底色恢复黑色。

低压试验完毕，确认机车制动、司机控制器、机车电钥匙置“0”位。

二、高压试验

（一）准备工作

1. 确认机车各闸刀、试验开关、故障转换开关、风路塞门、车顶门、各屏柜门均在正常位。

2. 确认总风风压不低于700 kPa、机车制动缸风压不低于300 kPa、机车已实施弹停制动。

3. 确认控制电路电压不低于96 V。

4. 通过微机显示屏将主变流器CI1～CI6全部切除。

5. 将非操纵端大闸手柄锁定在“重联”位，小闸手柄置“全制”位，锁闭非操纵端司机室门窗。

6. 确认操纵端司机控制器手柄在“0”位、机车电钥匙在“0”位。

7. 确认机车停留在有电区且接地线已撤除、隔离开关已闭合，机车两端地面防护牌、信号旗（信号灯）已撤除，机车周围无闲杂人员且均处于安全区域，高压试验人员均在司机室。

（二）试验顺序及要求

1. 制动显示屏试验

机车电钥匙置“合”位

（1）确认制动显示屏启动正常，检查制动显示屏各数据、参数设置正确。

（2）将大闸手柄置“抑制”位1 s后回“运转”位、小闸手柄置“全制”位，确认制动显示屏“动力切除”消除，制动显示屏均衡风缸、列车管风压显示600（500）kPa、机车制动缸风压显示300 kPa。

2. 升降弓试验

（1）后弓试验

①高声呼唤“×道×××机车升弓了”并鸣笛一长声，将受电弓扳键开关SB41（SB42）置“后受电弓”位

a. 听升弓电磁阀得电充风声；

b. 观察受电弓上升正常，无冲网现象，升弓时间不得大于5.4 s（从弓头动作时起）；

c. 确认网压表及微机显示屏网压显示正常、状态指示屏“欠压”灯灭。

②将受电弓扳键开关SB41（SB42）置“0”位

a. 观察受电弓下降正常，无砸车顶现象，降弓时间不得大于4 s（从弓头动作时起）；

b. 确认网压表及微机显示屏显示网压低于5 kV、状态指示屏“欠压”灯亮。

（2）前弓试验

试验内容同后弓试验。

3. 主断路器试验

将主断路器扳键开关SB43（SB44）置“主断合”位：

①听主断路器闭合声及辅变流器2（APU2）启动后，水泵、辅变流器风机、油泵投入工作声；

②看机车状态指示屏“主断分”、“辅变流器”、“水泵”灯灭；

③进入微机显示屏“风机状态”画面，确认变压器油泵MA21、MA22及水泵MA27、MA28投入工作；

④进入微机显示屏“辅助电源”画面，看辅变流器2（APU2)输出频率为（50±1）Hz；

⑤观察控制电路电压表及微机显示屏，看控制电路电压显示110 V；

⑥进入机械室确认冷却系统水流量计显示流量正常（黑色指针在200 L/min左右）。

4. **压缩机试验**

（1）总风风压低于 750 kPa 时，将压缩机扳键开关 SB45（SB46）置“压缩机”位。

①听空气压缩机 1、2 间隔 3 s 依次启动；

②进入微机显示屏“空制状态”画面，看压缩机 CMP1、CMP2 正常投入工作；

③当总风风压升至 900 kPa 时，压缩机 1、2 同时停止工作。

（2）当总风缸风压高于 750 kPa 但又低于 825 kPa 时，将压缩机扳键开关 SB45（SB46）置“压缩机”位，此时，仅操纵端压缩机投入工作，当总风风压达到 900 kPa 时自动停止工作。

（3）将压缩机扳键开关 SB45（SB46）置“强泵风”位不松手。

①看操纵端压缩机投入工作，总风风压升至 950 kPa 时听高压安全阀喷气声；

②松开压缩机扳键开关 SB45（SB46），压缩机停止工作。

5. **换向手柄“前”位试验**

（1）换向手柄置“前”位

①听辅变流器 1（APU1）启动后，牵引及复合冷却风机启动。

②进入微机显示屏“风机状态”画面，确认牵引风机 MA11～MA16 启动正常。

③进入微机显示屏“辅助电源”画面，看辅变流器 1（APU1）输出频率升至 33Hz。

（2）换向手柄回“0”位

待 1 min 之后，听各牵引、复合冷却风机停止工作。

6. 电制动试验

（1）换向手柄置“前”位、调速手柄离开“0”位至“制”区最大

①看机车状态指示屏“零位”灯灭；

②进入微机显示屏“辅助电源”画面，看辅变流器1（APU1）输出频率升至（50±1）Hz；

③看微机显示屏显示级位由11.9级～1级间变化。

（2）调速手柄回“0”位

看机车状态指示屏“零位”灯亮。

7. 牵引试验

（1）弹停转换开关置“缓解”位，看机车状态指示屏“停车制动”红灯灭。

（2）通过微机显示屏触摸开关恢复主变流器CI1～CI3。看状态指示屏“预备”灯亮。

（3）将调速手柄置牵引“*”位。

①看机车状态指示屏“零位”、“预备”灯灭；

②微机显示屏显示“1.0”级、牵引电机M1～M3输出显示13 kN左右。

（4）调速手柄退回“0”位。

①机车状态指示屏“零位”、“预备”灯亮；

②看微机显示屏牵引电机M1～M3输出变为0、手柄级位显示“0”级。

（5）通过微机显示屏触摸开关切除主变流器CI1～CI3、恢复主变流器CI4～CI6，将调速手柄置牵引“*”位。

①看机车状态指示屏“零位”、“预备”灯灭；

②微机显示屏显示“1.0”级、牵引电机M4～M6输出扭矩显示13 kN左右。

（6）调速手柄退回“0”位。

①机车状态指示屏“零位”、“预备”灯亮；

②看微机显示屏牵引电机 M4～M6 输出力矩变为 0、手柄级位显示“0”级。

(7) 换向手柄置“0”位，通过微机显示屏触摸开关切除主变流器 CI4～CI6。

三、制动机试验（五步闸）

（一）准备工作

1. 确认本务机车制动系统设置为“本机货车”状态（采用固定重联运行方式时，二位机车的制动系统应先设置为“补机”状态）。

2. 确认总风缸风压在 825～900 kPa，大、小闸手柄均置“运转”位，均衡风缸、列车管风压 600（500）kPa，机车制动缸风压为 0。

3. 启动压缩机，缓解弹停制动装置。

（二）试验顺序及要求

第一步　阶段常用制动

(1) 大闸手柄置“初制”位

①均衡风缸、列车管减压 40～60 kPa；

②机车制动缸风压升至 70～110 kPa；

③下车检查，闸片压紧制动盘，空气制动指示器显示红色。

(2) 大闸手柄阶段移至“全制”位

①均衡风缸、列车管风压阶段下降，并能阶段保压；

②制动缸风压阶段上升，并能阶段保压。全制位时，均衡风缸、列车管减压 140～180 kPa，制动缸风压升至 360～420 kPa。

(3) 大闸手柄移至“抑制”位

均衡风缸、列车管、机车制动缸风压保持不变。

(4) 侧压小闸手柄

①制动缸风压降至0;

②松开小闸手柄机车制动缸风压不回升。

(5) 自阀手柄移至“重联”位

①均衡风缸风压缓慢降至0;

②列车管减压至70 kPa左右;

③制动缸风压上升至450 kPa左右。

(6) 大闸手柄移至“运转”位

①均衡风缸、列车管风压恢复至600(500)kPa;

②制动缸风压降至0;

③下车检查:闸片与制动盘间有间隙,空气制动指示器显示绿色。

第二步 常用全制动

(7) 大闸手柄直接移至“全制”位

①均衡风缸、列车管5~7 s减压140~180 kPa;

②制动缸风压6~8 s升至360~420 kPa;

③保压1 min,均衡风缸、列车管风压泄漏不超过10 kPa。

(8) 大闸手柄移至“运转”位

①均衡风缸、列车管风压恢复至600(500)kPa;

②制动缸风压降至0。

第三步 小闸阶段制动

(9) 小闸手柄由“运转”位阶段移至“全制”位

①机车制动缸阶段上升并能保压;

②全制位机车制动缸风压升至300 kPa左右;

③下车检查:闸片压紧制动盘,空气制动指示器显示红色。

(10) 小闸手柄阶段移至“运转”位

①制动缸风压阶段下降并能保压；

②运转位制动缸风压降至0。

第四步　小闸全制动

(11) 小闸手柄移至“全制”位

机车制动缸风压2～3 s升至300 kPa。

(12) 小闸手柄移至“运转”位

机车制动缸风压3～5 s降至0。

第五步　大闸紧急制动

(13) 换向手柄置“前”位，大闸手柄置“紧急”位

①列车管风压迅速降到0，制动显示屏显示“动力切除”；

②均衡风缸风压缓慢降至0；

③自动撒砂5 s；

④机车制动缸风压3～5 s升至200 kPa，并继续升至450 kPa。

(14) 侧压小闸手柄

①制动缸风压降至0；

②松开小闸手柄，机车制动缸风压升至450 kPa。

(15) 等待1 min，确认制动显示屏提示缓解信息后，将大闸手柄移至“运转”位

①制动显示屏“动力切除”消失；

②均衡风缸、列车管恢复定压600 (500) kPa；

③机车制动缸风压降至0；

④换向手柄回“0”位。

制动机试验完毕，采取防溜措施后，断电、降弓，压缩机扳键开关置“0”位。

第六章　自动开关断开现象

一、单相自动开关

1.“网侧电压”自动开关 QA1 断开

（1）主断路器断开；

（2）状态指示屏“欠压”灯亮；

（3）微机显示屏故障信息显示区显示“接触网电压低”，原边电压显示为 0；

（4）故障履历记录“接触网低电压”。

其现象与接触网失电极其相似，但通过降弓拉弧可将其与接触网失电区分开来。

2.“微机控制 1”自动开关 QA41 断开

（1）Ⅰ端操纵

①状态指示屏“微机正常”灯灭；

②微机显示屏黑屏；

③辅助机组工作正常，牵引电机有扭矩输出。

④因微机显示屏黑屏故无履历记录。

（2）Ⅱ端操纵

①状态指示屏“微机正常”灯灭；

②微机显示屏故障信息显示区显示“微机控制柜故障”；

③辅助机组工作正常，牵引时，牵引电机有扭矩输出；

④故障履历记录“TCMS1 故障”。

（3）说明

①在Ⅰ端操纵，恢复闭合断开的“微机控制 1”自动开

关时，必须断电、降弓。且恢复时会引起制动显示屏失电后再得电重启，出现惩罚制动。

②在Ⅱ端操纵，将断开的“微机控制 1”自动开关恢复主闭合位后，微机显示屏“微机控制柜故障”信息不消除，但不影响正常运行；约 15 s，主断路器自动断开。

3. “微机控制 2”自动开关 QA42 断开

（1） Ⅰ端操纵

①状态指示屏“微机正常”灯灭；

②微机显示屏故障信息显示区显示“微机控制柜故障”；

③辅助机组工作正常，牵引时，牵引电机有扭矩输出；

④故障履历记录“TCMS2 故障”。

（2） Ⅱ端操纵

①状态指示屏“微机正常”灯灭；

②微机显示屏黑屏；

③辅助机组工作正常，牵引电机有扭矩输出。

（3）说明

①在Ⅱ端操纵，恢复断开的“微机控制 2”自动开关，必须断电、降弓，且恢复时会引起制动显示屏失电后再得电重启，出现惩罚制动。

②在Ⅰ端操纵，将断开的“微机控制 2”自动开关恢复主闭合位后，微机显示屏“微机控制柜故障”信息不消除，状态指示屏“微机正常”灯不亮，但不影响正常运行；约 15 s，主断路器自动断开。

4. “司机控制 1”自动开关 QA43 断开

（1） Ⅰ端操纵

①断电、降弓；

②状态指示屏全部灭灯；

③辅机全部停止工作；

④制动显示屏黑屏，引起惩罚制动。

（2） Ⅱ端操纵

无影响。

5. “司机控制 2”自动开关 QA44 断开

（1） Ⅰ端操纵

无影响。

（2） Ⅱ端操纵

①断电、降弓；

②状态指示屏全部灭灯；

③辅机全部停止工作；

④制动显示屏黑屏，引起惩罚制动。

6. “机车控制”自动开关 QA45 断开

（1） 断电、降弓；

（2） 状态指示屏全部灭灯；

（3） 微机显示屏故障信息显示区显示所有辅机故障；

（4） 制动显示屏黑屏，引起惩罚制动；

（5） 故障履历记录“受电弓、辅机全部故障”。

7. “主变流器”自动开关 QA46 断开

（1） 断电，未降弓，但微机显示屏“牵引/制动”画面原边电压显示为 0，车内有异音（象接触器或继电器的断开、闭合声音）。

（2） 状态指示屏“主变流器”灯亮。

（3） 微机显示屏故障信息显示区显示“水泵 1 故障”“水泵 2 故障”“主变流器 CI1～CI6 故障”。

（4） 故障履历记录“CI1～CI6 电源停止”“CI1、CI4 水泵故障”“CI1、CI4 电源下降 100”“CI1～CI6 传送异常”。

说明：若微机显示屏故障信息显示区伴有“辅变流器 APU1、2 故障”时，在闭合“主变流器”自动开关时，可断开再闭合“辅变流器”自动开关即可将其消除。

8. “辅变流器”自动开关 QA47 断开

（1）状态指示屏“辅变流器”灯亮；

（2）辅变流器、辅机全部停止；

（3）微机显示屏故障信息显示区显示“辅变流器 APU2 故障”“辅变流器 APU1 故障”“DC 110 V 运转停止”；

（4）故障履历记录“APU1、2 不动，频率异常，电压不确定，传送异常”“DC 110 V 运转停止”。

9. “辅助设备”自动开关 QA51 断开

其控制的“刷雨器”“遮阳帘”“司机室风扇”“冰箱”“辅助压缩机”均无法工作。

10. “电控制动”自动开关 QA55 断开

（1）状态指示屏“制动故障”灯亮；

（2）微机显示屏故障信息显示区显示“制动装置”故障；

（3）制动显示屏黑屏；

（4）列车管减压至 80 kPa。

11. “控制电路接地”自动开关 QA59 断开

状态指示屏“控制接地”灯亮。

12. “自动过分相”自动开关 QA71 断开

（1）微机显示屏故障信息显示区显示“自动过分相故障”；

（2）故障履历记录“自动过分相故障”；

（3）自动过分相信号处理器“工作”、“正常”指示灯灭。

13. “充电装置”自动开关 QA106 断开

（1）微机显示屏故障信息显示区显示“DC 110 V 运转停止”；

（2）控制电路电压下降，蓄电池不充电；

（3）故障履历记录“110 V 运转停止”；

（4）蓄电池状态监测仪黑屏；

（5）进入微机显示屏“辅助电源”画面，110 V 充电装置一组停止工作（底色为黑色），一组故障（底色为红色）。

说明：恢复充电装置自动开关后，蓄电池状态监测仪恢复正常显示，110 V 充电装置转另一组工作。

14. “空调控制”1（2）自动开关 QA104（QA105）断开

无任何显示，但空调开关失去控制作用，空调无法工作。

注：此处省略了部分与传统机车作用、断开后现象相同的单相自动开关。

二、三相自动开关

1. “牵引风机 1”三相自动开关 QA11 断开

（1）状态指示屏“牵引风机”灯亮；

（2）微机显示屏故障信息显示区显示“牵引风机 1 故障”；

（3）牵引电机 1 无扭矩输出；

（4）故障履历记录“牵引风机 M1 故障”“风机 M1 通风不良”；

（5）进入微机显示屏”开关状态“画面第二页，QA11 底色变为黑色。

说明：其他牵引风机自动开关断开时的现象与牵引风机 1 三相自动开关断开时的现象相似。

2. “冷却风机 1”三相自动开关 QA17 断开

（1）状态指示屏“冷却风机”灯亮；

（2）微机显示屏故障信息显示区显示“复合冷却风机 1

故障”；

（3）牵引电机1、2、3暂时有扭矩输出；

（4）故障履历记录“冷却风机1故障”；

（5）进入微机显示屏”开关状态“画面第二页，QA17底色变为黑色。

说明：冷却风机2三相自动开关断开时的现象与冷却风机1三相自动开关断开时的现象相似。

3. “压缩机1”三相自动开关QA19断开

（1）状态指示屏“压缩机”灯亮；

（2）微机显示屏故障信息显示区显示“空气压缩机1故障”；

（3）故障履历记录“压缩机MA19故障”；

（4）进入微机显示屏”开关状态“画面第二页，QA19底色变为黑色。

说明：压缩机2三相自动开关断开时的现象与压缩机1三相自动开关断开时的现象相似。

4. “油泵1”三相自动开关QA21断开

（1）状态指示屏“油泵”灯亮；

（2）微机显示屏故障信息显示区显示“油泵1故障”；

（3）牵引电机1、2、3无扭矩输出；

（4）故障履历记录“油泵MA21故障”“油泵1油流不良”；

（5）进入微机显示屏”开关状态“画面第二页，QA21底色变为黑色。

说明：油泵2三相自动开关断开时的现象与油泵1三相自动开关断开时的现象相似。

5. “水泵1”三相自动开关断开（Ⅰ端变流器在上小门内右侧开关）

（1）状态指示屏“水泵”、“主变流器”灯亮；

（2）微机显示屏故障信息显示区显示“水泵 1 故障”“主变流器 CI1～CI3 故障”；

（3）牵引电机 1、2、3 无扭矩输出；

（4）故障履历记录“CI1～CI3 水泵故障”“CI1～CI3 水流下降”。

说明：水泵 2 三相自动开关断开时的现象与水泵 1 三相自动开关断开时的现象相似。

6.“辅变流器 1 通风机”三相自动开关断开

（1）状态指示屏“辅变流器”灯亮；

（2）微机显示屏故障信息显示区显示“辅变流器 APU1 故障”；

（3）辅变流器自动停止，进行电路转换后再启动；

（4）故障履历记录“APU1 风机故障”“APU1 不动”。

说明：

（1）辅变流器 2 通风机三相自动开关断开时的现象与辅变流器 1 通风机三相自动开关断开时的现象相似。

（2）要恢复辅变流器工作，必须断开再闭合控制电器柜“辅变流器”自动开关 QA47 才行。

7.“空调 1”三相自动开关 QA23 断开

（1）微机显示屏故障信息显示区显示“空调机 1 故障”；

（2）故障履历记录“空调 EV11 故障”。

说明：“空调 2”三相自动开关断开时的现象与“空调 1”三相自动开关断开时的现象相似。

8.“辅助负载(交流加热)”三相自动开关 QA25 断开

（1）微机显示屏无任何故障显示及记录；

（2）机车所有交流加热装置均失去电源，无法工作。

第七章　故障处理

一、机车应急故障处理应遵循的原则

1. 运行途中机车出现故障时，司机应沉着冷静，首先根据微机显示屏、状态指示灯的显（提）示，列车运行状态及随乘（学习）司机的检查汇报，大致区分、判定机车故障的严重程度，立即采取断电、降弓、停车、调速手柄回“0”位，换向手柄回“0”位等不同措施后再做后续处理。如：

（1）发生弓网事故、机车火灾，应首先采取断电、降弓、立即停车、调速手柄回“0”位、取出机车电钥匙的措施；

（2）需要打开控制电器柜进行检查处理时，应首先采取断电、降弓，调速手柄回“0”位的措施，再拔出制动控制柜蓝色钥匙，插入高压接地开关蓝色锁孔，将高压接地开关置“接地”位后，再拔出黄色钥匙，用其打开控制电器柜门锁进行检查处理。

2. 故障处理过程中遇下列情况可能会使机车产生惩罚制动：

（1）机车电钥匙SA49（SA50）置“0”位；

（2）闭合控制电器柜“微机控制1（2）”自动开关QA41（QA42）；

（3）断开控制电器柜“司机控制1（2）”自动开关QA43（QA44）；

（4）断开控制电器柜“机车控制”自动开关QA45；

(5) 断开控制电器柜“电控制动”自动开关QA55;

(6) 断开控制电器柜“蓄电池”自动开关QA61。

3. 运行途中，机车出现微机控制、机车保护、制动控制等方面故障，按常规处理办法处理后，若故障仍无法消除时，可在停车、断电降弓的情况下，断开机车(采用固定重联运行方式时将一、二位机车)控制电器柜“蓄电池”自动开关60 s后再闭合，以使机车保护恢复、微机复位、重新启动而消除故障。

4. 运行途中，处理机车故障需要断开控制电器柜“蓄电池”自动开关QA61前，司机一定要考虑到该操作一定会导致列车停车，且恢复运行前，可能还需对“运记”重新进行设定；还需根据牵引重量、线路纵断面、天气综合考虑其对列车再起动时的影响。慎重选择断开控制电器柜“蓄电池”自动开关QA61的时机，最好将故障机车维持运行到站内，再进行此项操作。

5. 运行途中，机车发生故障，司机应根据线路纵断面、牵引重量，选择合理的处理时机及方法，尽可能维持运行。例如一台受电弓故障，可换升另一台受电弓维持运行。

6. 运行途中，机车发生故障，若难以处理或处理后也难以维持运行时，应尽量维持到前方站，若确实无法维持运行时，应及时请求救援。

二、故障处理

(一) 电器故障

1. 运行途中，受电弓升不起来时的处理

原因：

(1) 控制风路风压低；

(2) 控制电器柜上有关自动开关断开；

（3）升弓风路有关塞门不在正常位；

（4）高压接地开关 QS10 未在“运行”位；

（5）受电弓扳键开关不良；

（6）主断控制器故障；

（7）受电弓高压隔离控制开关在“隔离”位；

（8）受电弓风路漏风严重或风压不正常；

（9）受电弓电空阀不良；

（10）受电弓本身故障。

应急处理：

（1）若前、后受电弓均升不起来时，按原因（1）～（4）对症处理：

①确认总风缸风压表，若其风压低于 650 kPa，再检查、控制风缸塞门 U77，若控制风缸风压表显示控制风路风压仍低于 650 kPa，则按一下辅助压缩机启动按钮（在控制电器柜上），启动辅助压缩机，使控制风路风压提高到 650 kPa以上，再进行升弓操作。

②检查、恢复控制电器柜断开的自动开关。

③检查升弓气路有关塞门在正常位。

a. 受电弓控制塞门在“开放”位（蓝色钥匙应插入并处于垂直状态）；

b. 受电弓塞门 U98 置于“开放”位。

④检查、恢复高压接地开关“运行”位。

（2）若某端受电弓升不起来时，可暂不处理，换升另一受电弓维持运行。

2. 运行途中，机车因故只能使用一台受电弓，但该台受电弓自动降弓装置 ADD 又频繁动作时的处理

（1）将该台受电弓的“主断控制器”置“停用”位，并关闭其上方风路小塞门。

（2）适当调高该台受电弓调节板调压阀输出风压维持运行。

（3）尽量维持进站停车，停车后，按第三章第21条“运行途中，需要登上车顶处理故障时的安全注意事项”的规定登上车顶，确认该受电弓弓头、滑板正常后，关闭该台受电弓自动降弓装置ADD的关闭阀，彻底切除该台受电弓的自动降弓装置维持运行。

（4）自动降弓装置切除后，在运行中，若机车失去网压应立即确认是否刮弓，无法确认时，应立即采取停车措施。

3. 运行途中，遇机车故障或突发情况断电降弓后，再升弓时，前后受电弓均升不起来时的处理

（1）检查控制风路风压是否低于550 kPa，低于时，启动辅助压缩机（小压缩机）进行泵风，待控制风路风压升高到650 kPa以上时升弓即可。

（2）若处理故障时曾转换过高压接地开关，则应注意检查、确认高压接地开关恢复到“运行”位及制动控制柜蓝色钥匙处于垂直状态。

（3）确认、恢复控制电器柜断开的自动开关，并考虑处理故障时的操作是否对升弓有所影响，然后对症处理。

（4）经以上处理，故障仍不能消除时，还应考虑两台受电弓同时故障或烧损（如气囊被弓网间拉弧产生的熔渣烧损）。

4. 运行途中，机车受电弓自动降落时的处理

运行途中，遇机车受电弓自动降落后，应首先甄别降落原因，再对症进行处理：

（1）自动降弓装置动作时，司机应立即采取停车措施，并通过“运记”锁定故障发生地点，随乘（学习）司机确认接触网有无异常。停车后，对受电弓进行详细检查，未刮弓时，换弓运行；刮弓时，按本章第7条“运行途中，机车受电弓被刮坏时的处理”方法进行处理。

(2) 受电弓电空阀烧损造成受电弓自动降落后，应切除该台受电弓，换升另一台受电弓维持运行。

(3) 主断控制器故障引起降弓时，换升另一受电弓或将该主断控制器置“停用”位维持运行。

(4) 控制电器柜自动开关断开造成受电弓自动降落时，在查明断开原因并作相应处理后，将其恢复至闭合位继续运行。

(5) 受电弓自动降落伴随制动显示屏黑屏时：

①检查恢复控制电器柜“司机控制”自动开关。

②停车后，换端操纵或更换扳键开关组。

5. 运行途中，车顶“放炮”，接触网失电时的处理

立即降弓，根据当时情况，尽可能利用有利地形对车顶进行检查，未发现异状时，可利用受电弓高压隔离控制开关SA96，切除原升受电弓，换弓进行试验。若试验正常，即可恢复运行，待到达入库后，再对车顶进行详细检查；若换弓试验车顶仍“放炮”时，则按以下方法进行处理：

(1) 若采用固定重联运行方式的二位机车车顶“放炮”，且一位机车单独牵引能够维持运行时，切除二位机车维持运行。

(2) 若本务机车车顶“放炮”，可利用受电弓高压隔离控制开关SA96，分别将Ⅰ、Ⅱ端受电弓高压隔离开关置“隔离”位进行试验，以判断并将车顶接地点甩开后维持运行。

(3) 若经以上处理，仍无法维持运行时，应按第三章第21条“运行途中，需要登上车顶处理故障时的安全注意事项”的规定登上车顶处理、消除故障点，若故障点确无法消除时，在站应联系换挂，区间应请求救援。

6. 运行途中，发现接触网摆动异常时的处理

（1）立即断电，降弓，并采取紧急停车措施。值乘司机立即通过“运记”及时锁定故障发生地点，随乘（学习）司机后部瞭望，确认弓网状态。

（2）停车后，立即检查受电弓、接触网是否受损。若刮弓，则按本章第7条“运行途中，机车受电弓被刮坏时的处理”方法进行处理；未刮弓时，则换弓维持运行。并及时向列车调度员或车站值班员进行汇报。在半自动闭塞区段，若使用一切通信工具均不能完整汇报时，到前方站应压标停车向车站值班员汇报。

（3）列车到达终点站，若机车入库后，司机必须亲自登上机车车顶对受电弓进行详细检查，以掌握第一手资料。

7. 运行途中，机车受电弓被刮坏时的处理

运行途中，机车受电弓被刮坏（刮弓）时、应立即停车，司机在采取停车措施的同时并通过“运记”锁定故障发生的地点，停车后，及时对弓网进行检查：

（1）未造成车顶接地时，应注意观察受电弓被刮坏的程度，在保证运行中不会造成接地的情况下，换弓维持运行。

（2）造成接地或运行中可能会造成接地时，应尽量利用受电弓高压隔离控制开关SA96，使Ⅰ端或Ⅱ端受电弓高压隔离开关处于“隔离”位，以将车顶接地点（或可能接地点）甩开维持运行。

（3）若刮弓严重，不能排除再运行时会出现顶电或受电弓掉落的情况时，应按第三章第21条“运行途中，需要登上车顶处理故障时的安全注意事项”的规定登上车顶进行处理后，尽量维持运行到前方站或退至后方站，确无法运行时，应及时请求救援。

(4) 检查处理时，应注意收集造成受电弓被刮坏的物证。

(5) 及时向列车调度员或车站值班员进行汇报。若使用一切通信工具均不能完整汇报时，半自动闭塞区段可运行到前方站，压标停车向列车调度员或车站值班员进行汇报。

(6) 为了保证刮弓不被误判，途中遇自动降弓装置动作时，应立即采取停车措施。

处理弓网事故要点：立即停车、完整汇报、处理彻底、确保安全。

8. 运行途中，某一受电弓降不下来时的处理

(1) 在运行区段无“降弓地段”的情况下，可暂不进行处理，但途中遇临时降弓信号时应立即停车进行处理。

(2) 在运行区段有“降弓地段”时，应在进入“降弓地段”区间前的车站停车进行处理。

(3) 关闭该受电弓风路塞门 U98 或按下该受电弓自动降弓测试按钮，强迫受电弓降下。

(4) 若受电弓降不到位（半升半降）时，根据当时具体情况，向列车调度员汇报后，换弓维持运行到终点站，或到达前方停车站，再按第三章第 21 条“运行途中，需要登上车顶处理故障时的安全注意事项”的规定登上车顶进行处理。

9. 运行途中，某一受电弓的滑板与接触网间拉弧严重时的处理

运行途中，某一受电弓的滑板与接触网间拉弧严重时，应换升另一受电弓维持运行。

10. 运行途中，车顶放电，受电弓高压隔离开关烧损时的处理

(1) 立即换升另一受电弓维持运行。

(2) 在前方站停车后，利用受电弓高压隔离控制开关

SA96，切除受电弓高压隔离开关烧损端受电弓维持运行。

11. 运行途中，主断路器不闭合时的处理

原因：

（1）控制风路风压低；

（2）调速手柄不在“0”位；

（3）主断供风塞门 U94 在关闭位；

（4）两端司机室操纵台上的紧急停车按钮 SA103（SA104）之一不在弹起状态；

（5）主变流器试验开关 SA75 不在“0”位；

（6）主断路器扳键开关不良

（7）保护装置动作，送入主断分信号；

（8）主断控制器故障；

（9）控制电器柜“网侧电压”自动开关 QA1 断开；

（10）受电弓未升起；

（11）接触网失电；

（12）主断路器本身故障。

应急处理：

（1）若受电弓能升起，主断路器合不上，确认微机显示屏提示“主断风路风压低”（在主断信息栏内）或控制风路风压低于 650 kPa 时，启动辅助压缩机，提高控制风路风压后再闭合。

（2）检查、确认调速手柄在“0”位。

（3）检查、确认主断路器供风塞门在“开放”位。

（4）检查、确认两端司机室紧急停车按钮 SA103（SA104）在“弹起”状态。

（5）检查、确认主变流器试验开关 SA75 在“0”位。

（6）换端操纵或更换扳键开关组。

（7）保护装置动作，应对症处理，以消除送入微机控制系统的“主断分”信号。

（8）将升弓端“主断控制器”置“停用”位，换升另一受电弓维持运行。

（9）检查、确认控制电器柜“网侧电压”自动开关QA1在“闭合”位。

（10）检查、确认受电弓已升起，接触网网压高于17.5 kV。

（11）等待接触网送电。

（12）采用固定重联运行方式时，切除该台机车维持运行。

12. 运行途中，主断路器扳键开关置“主断分”位，主断路器断不开时的处理

（1）若遇过分相绝缘器等紧急情况时，可采取确认调速手柄回“0”位后，降下受电弓或按压紧急停车按钮的措施。

（2）单机牵引且时间允许的情况下，可采取将调速手柄回“0”位，按压升弓端主断控制器上自动降弓测试按钮的措施，使受电弓迅速降落。

（3）采用固定重联运行方式时，可根据具体情况采取确认调速手柄回“0”位后，降下受电弓或按压紧急停车按钮的方法，使两台机车主断路器断开。

（4）若因微机死机等原因造成调速手柄回“0”位，但机车仍维持原牵引状态时，应立即采取按下紧急停车按钮、按下升弓端主断控制器上自动降弓测试按钮的措施，以达到使机车失去牵引力的目的。

13. 运行途中，某台牵引电机无扭矩输出时的处理

（1）某台牵引电机无扭矩输出，而其他牵引电机扭矩输出正常时，可维持运行到前方停车站或回段后再进行处理。

（2）若某台牵引电机故障，引起主断路器断开时，可利用微机显示屏触摸开关将故障牵引电机切除后维持运行。

(3) 前方停车站停车后，应按状态指示屏及微机显示屏的显（提）示分别进行处理：

①状态指示屏“牵引风机”灯亮时，按本章第 26 条“运行途中，状态指示屏‘牵引风机’灯亮时的处理”方法进行处理。

②状态指示屏“牵引风机”灯不亮，微机显示屏显示“牵引风机 * 故障”，对应牵引电机无扭矩输出；查阅微机显示屏故障履历记录，显示“风机 * 通风不良”，则可确定为牵引风速继电器故障，即按本章第 40 条“运行途中，某一牵引风速继电器故障时的处理”方法进行处理。

③状态指示屏“牵引电机”灯亮时，按本章第 20 条“运行途中，状态指示屏‘牵引电机’灯亮时的处理”方法进行处理。

④状态指示屏“主变流器”灯亮时，按本章第 19 条“运行途中，状态指示屏‘主变流器’灯亮 时的处理”方法进行处理。

(4) 按以上方法进行处理后，若故障仍无法消除且某台牵引电机无扭矩输出即无法维持运行时，则在停车状态下，断电、降弓：

①断开再闭合控制电器柜“微机控制 1、2”自动开关后，重新进行牵引、电制动操作。

②断开再闭合控制电器柜“蓄电池”自动开关，使微机复位、重启后，再进行牵引、电制动操作。

14. 运行途中，某架牵引电机无扭矩输出时的处理

(1) 运行途中，某架牵引电机无扭矩输出，应尽量维持运行到前方停车站再进行处理。

(2) 停车后，应按状态指示屏及微机显示屏的显（提）

示分别进行处理：

①状态指示屏“油泵”灯亮时，按本章第28条“运行途中，状态指示屏‘油泵’灯亮时的处理”方法进行处理。

②状态指示屏“水泵”灯亮时，按本章第29条“运行途中，状态指示屏‘水泵’灯亮时的处理”方法进行处理。

③状态显示屏“主变流器”灯亮、微机显示屏显示“CI1～CI3（或CI4～CI6）故障”，对应架三台牵引电机无扭矩输出。查看微机显示屏故障履历记录，显示“CI1～CI3（或CI4～CI6）水流下降”时，则可判定该架对应的水流量计故障，即可按本章第38条“运行途中，水流量计故障时的处理”方法进行处理。

（3）按以上方法进行处理后，若故障仍无法消除且某架牵引电机无扭矩输出即无法维持运行时，则在停车状态下，断电、降弓：

①断开再闭合控制电器柜“微机控制1、2”自动开关后，重新进行牵引、电制动操作。

②断开再闭合控制电器柜“蓄电池”自动开关，使微机复位、重启后，再进行牵引、电制动操作。

15. 运行途中，某台机车牵引电机均无扭矩输出时的处理

（1）原因：

①弹停装置处于制动状态；

②制动系统发出动力切除信号（制动显示屏显示“动力切除”）；

③列车运行监控记录装置发出卸载信号；

④总风缸风压低于470 kPa；

⑤制动系统发出紧急制动信号；

⑥控制电器柜“主变流器”自动开关不良。

（2）应急处理：

①缓解弹停装置，确认操纵台状态显示屏“停车制动”红灯灭。

②按照制动显示屏提示，消除动力切除信号，确认制动显示屏无“动力切除”显示。

③确认列车运行监控记录装置发出的卸载信号已消除。

④确认总风缸风压在 700 kPa 以上。

⑤消除产生紧急制动的原因，确认列车能够正常缓解。

⑥断开再闭合控制电器柜“主变流器”自动开关。

（3）按以上方法进行处理后，若故障仍不能消除时，则在停车状态下，断电降弓：

①断开再闭合控制电器柜“微机控制 1、2”自动开关后，重新进行牵引、电制动操作。

②断开控制电器柜“蓄电池”自动开关 60 s 再闭合，使微机复位，重启后，再进行牵引、电制动操作。

16. 运行途中，状态指示屏“微机正常”灯灭时的处理

（1）运行途中，状态指示屏“微机正常”灯灭，若机车仍有扭矩输出时，可暂不处理，待运行到前方停车站再进行处理。

（2）检查、闭合控制电器柜“微机控制”自动开关。

（3）司机控制器调速手柄回“0”位，按下司机台“复位”按钮进行复位操作。

（4）断电、降弓，断开再闭合控制电器柜“蓄电池”自动开关，使微机复位，重新启动。

17. 运行途中，状态指示屏“制动故障”灯亮时的处理

运行途中，状态指示屏“制动故障”灯亮时，说明机车制动系统出现故障，机车乘务员应根据列车运行情况，采取稳妥的处理方法，必要时，立即采取停车措施，防止列车超速并保证列车能在禁止信号前可靠停车。若制动系统已自动减压停车，则按以下方法进行处理：

（1）断开再闭合控制电器柜“电控制动”自动开关QA55（可重复进行三次），若故障消除，即可恢复正常运行。

（2）断电、降弓，断开控制电器柜“蓄电池”自动开关60 s后再闭合，使微机复位，重新启动。

（3）单台机车牵引运行时，若制动系统故障无法消除，且已无法维持运行时，应及时请求救援。

（4）采用固定重联运行方式，若某台机车制动系统故障无法消除时，则按本章第48条～51条的处理方法进行处理。

18. 运行途中，状态指示屏“空转”灯亮时的处理

运行途中，列车在满负荷抢速及轮轨间粘着变差的情况下，状态指示屏“空转”灯瞬时亮时，司机不要随意降低调速手柄级位，而应采取脚踩撒砂开关，进行人工补砂的措施，以改善轮轨间的黏着状态，及时制止空转。当机车再次进入曲线、钢轨表面有水、霜等影响黏着地段前，司机应提前进行人工撒砂，以改善轮轨间的黏着条件，进而减少、防止“空转”现象的发生。

若列车运行中，“空转”状态指示灯长时间不灭，牵引电机输出扭矩频繁波动，司机应立即执行消除空转的措施（撒砂、降低调速手柄级位），若措施实施后，大空转仍不能有效抑制、明显感觉表显速度（速度表显示速度）大于列车实际速度时，司机应果断采取降低调速手柄级位（可以到0位）的措施，待空转停止、表显速度与列车实际运行速度相符后，再提高调速手柄级位恢复牵引运行。

19. 运行途中，状态指示屏“主变流器”灯亮时的处理

（1）运行途中，状态指示屏“主变流器”灯亮时，若大部分牵引电机仍有扭矩输出，可暂不处理，继续维持运行。若牵引电机均无扭矩输出，则检查、闭合控制电器柜“主变流器”自动开关、将司机控制器调速手柄回“0”位，按下司机台“复位”按钮进行复位操作后，再进行牵引或电制动操作，若故障消除即恢复正常运行；若主断路器不能闭合或调速手柄离开“0”位后，主断路器就随之断开，则根据微机显示屏的提示切除故障的主变流器维持运行。

（2）状态指示屏“主变流器”、“牵引电机”灯均亮时，其故障原因多为牵引电机故障，遇此故障应按本章第 20 条“运行途中，状态指示屏‘牵引电机’灯亮 时的处理”方法进行处理。

（3）状态指示屏“主变流器”、“水泵”灯均亮时，其故障原因多为水泵故障，遇此故障应按本章第 29 条“运行途中，状态指示屏‘水泵’灯亮时的处理”方法进行处理。

（4）经以上处理，仍无法维持运行时，可在断电、降弓、停车状态下，断开再闭合控制电器柜“蓄电池”自动开关，以使微机复位、重启，故障得以消除。

20. 运行途中，状态指示屏“牵引电机”灯亮时的处理

（1）若微机控制系统已将故障的牵引电机切除，且其他牵引电机仍有扭矩输出时，可暂不处理，继续维持运行。

（2）司机控制器调速手柄回“0”位，按下司机台“复位”按钮进行复位操作后，重新闭合主断路器，恢复运行。

（3）利用微机显示屏触摸开关切除故障牵引电机对应的主变流器单元维持运行。

（4）在断电、降弓、停车状态下断开再闭合控制电器柜“蓄电池”自动开关使微机复位、重启，故障得以消除。

21. 运行途中，状态指示屏“辅变流器”灯亮时的处理

原因：

辅助变流器输入过流、辅助回路过载、中间回路过电压、辅助回路接地、辅助变流器通风机自动开关断开、控制电器柜“辅变流器”自动开关断开。

应急处理：

（1）辅变流器均停止工作时

检查、闭合控制电器柜“辅变流器”自动开关，将调速手柄回“0”位，按下司机台“复位”按钮 进行复位操作后，重新闭合主断路器，若故障消除则继续运行。

（2）某一辅助变流器故障时

①某一辅助变流器出现故障后，微机控制系统会自动进行切除、转换。此时进入微机显示屏“开关状态”画面第二页，确认辅变流隔离接触器 KM20 闭合（KM20 底色变为绿色）后，暂不处理，继续维持运行。

②若微机转换异常，可在主断路器断开的情况下，人为切除故障辅变流器后，再闭合主断路器，使另一辅变流器启动维持运行。

③若微机转换异常，也可在主断路器断开的情况下，设法使故障辅变流器恢复工作。其方法是：

a. 断开再闭合控制电器柜上的“辅助变流器”自动开关 QA47，对已锁定的辅助变流器进行解锁，使其恢复正常工作。

b. 检查、闭合辅助变流器通风机自动开关后，仍需断开再闭合控制电器柜“辅助变流器”自动开关 QA47，才能使辅变流器恢复工作。

经以上处理，若仍不能使任一组辅变流器投入工作时，则停车、断电、降弓，断开再闭合控制电器柜“蓄电池”自动开关，使机车微机控制系统复位、重启，故障得以消除。

注：当切除一组辅助变流器后，牵引风机将在恒压、恒

频状态下运转，且仅有一台空气压缩机投入工作。

22. 运行途中，状态指示屏“主接地”灯亮、主断路器断开时的处理

（1）司机控制器调速手柄回“0”位，按下司机台“复位”按钮进行复位操作后，再进行牵引、电制动操作。若故障消除，则恢复正常运行；若故障重新出现或主断路器无法闭合时，可通过微机显示屏触摸开关，人为切除发生接地的主变流器单元维持运行。

（2）若检查确认一点接地、且切除发生接地的主变流器单元后无法维持运行时，则断电、降弓，按操作规定打开控制电器柜，将对应的主电路接地开关置“故障”位维持运行。

23. 运行途中，状态指示屏“控制接地”灯亮时的处理

（1）重新闭合“控制接地”自动开关QA59，若控制电路接地消除，则继续运行。

（2）控制电路接地伴有其他自动开关断开，若不影响行车时，则闭合“控制接地”自动开关QA59维持运行；若影响行车时，则在消除接地处所后、闭合断开的自动开关维持运行。

（3）闭合“控制接地”自动开关QA59后，若其再断开，将不再对其进行闭合操作，待维持运行回段后报修。

24. 运行途中，状态指示屏“辅接地”灯亮时的处理

（1）若微机控制系统已将接地辅变流器自动切除，且已进行辅助电路转换后，可暂不处理，继续维持运行。

（2）司机控制器调速手柄回“0”位，按下操纵台“复位”按钮进行复位操作后，若辅助电路接地消除，即可恢复正常运行；若故障不能消除，则根据微机显示屏的故障显（提）示，断开相应的自动开关或利用微机显示屏触摸开关切除接地的辅变流器，甩开接地处所维持运行。

（3）断开某一辅机自动开关后，司机应根据该辅机切除对主变流器的影响，利用微机显示屏触摸开关切除与其对应的主变流器单元，保留机车的部分功率维持运行，回段报修。

（4）若列车运行到特殊区段，断开某一辅机自动开关列车即无法维持运行时，在确认辅助回路仅有一点接地时，应断电、降弓，按操作规定打开控制电器柜，将对应的辅助电路接地开关置“故障”位维持运行。

（4）将辅助电路接地隔离开关置“故障”位维持运行时，必须加强巡视，发现异常情况，应及时采取措施断开主断路器。

25. 运行途中，状态指示屏“压缩机”灯亮时的处理

（1）机车正在牵引或电制动状态运行时，可利用另一压缩机维持运行。

（2）机车正在惰行或在车站停车时，则按以下方法进行处理：

①司机控制器调速手柄回“0”位，断开主断路器。

②进入微机显示屏“开关状态”画面第二页，确定故障（自动开关断开）的压缩机。

③恢复断开的压缩机自动开关后，再闭合主断路器，进行压缩机工作试验，若压缩机工作正常，则恢复正常运行；若压缩机自动开关随即断开，则不再进行处理，利用另一台压缩机维持运行，回段报修。

（3）注意事项：

切除一台压缩机后，全车压缩机的泵风速度将减小一半，故运行中，应随时注意观察总风缸风压，并使其保持在 800 kPa 以上。缓解列车制动前，应利用“压缩机”扳键开关的“强泵风”位提前泵风，以保证缓解用风的需要。对站停列车，可向车站申明，由车站提前通知开车准备，以保证出站信号机开放后，能及时将列车开出。

26. 运行途中，状态指示屏“牵引风机”灯亮时的处理

（1）机车正在牵引或电制动状态运行时，可暂不处理，在微机控制系统切除故障牵引风机对应牵引电机的状态下维持运行。

（2）机车正在惰行或在车站停车时，则按以下方法进行处理：

①司机控制器调速手柄回“0”位，断开主断路器。

②进入微机显示屏“开关状态”画面第二页，确定故障（自动开关断开）的牵引风机。

③恢复牵引风机自动开关后，再闭合主断路器，进行牵引风机工作试验，若牵引风机工作正常，则恢复正常运行；若牵引风机自动开关随即断开，由微机控制系统自动或利用微机显示屏触摸开关，切除故障牵引风机对应的主变流器单元维持运行，回段报修。

（3）注意事项：

一台牵引风机故障，即可造成其对应的主变流器单元被切除，机车牵引、电制动力均会出现不同程度的下降，故在维持运行时，机车乘务员应提前预想，合理操纵列车，谨防坡停。

27. 运行途中，状态指示屏“冷却风机”灯亮时的处理

（1）机车正在牵引或电制动状态运行时，可暂不处理，尽可能维持运行到前方站再进行处理。

（2）机车正在惰行或在车站停车时，按以下方法进行处理：

①司机控制器调速手柄回“0”位，断开主断路器。

②进入微机显示屏“开关状态”画面第二页，确定故障

（自动开关断开）的冷却风机。

③恢复冷却风机自动开关后，再闭合主断路器，进行风机工作试验，若冷却风机工作正常，则恢复正常运行；若冷却风机自动开关随即断开，则利用微机显示屏触摸开关，切除故障冷却风机对应的三组主变流器单元维持运行，回段报修。

（3）若断开的“冷却风机”自动开关无法闭合时，可在主断路器断开的情况下，稍稍向大的方向调整自动开关上的刻度盘（调整到50 A左右），再闭合冷却风机自动开关维持运行。

（4）注意事项

①一台冷却风机自动开关断开，微机控制系统并不马上使其对应的三台牵引电机无扭矩输出，但由于冷却器无通风，其温度将会逐渐升高，当其温度达到微机控制系统设定的保护动作值时，保护动作，使对应的三台牵引电机无扭矩输出。

②由于一台冷却风机长时间故障，即可造成其对应的三组主变流器单元被切除，机车牵引、电制动力均会出现很大程度下降，故在运行中出现冷却风机故障，在维持运行到前方站后，若机车乘务员无把握能够保证安全运行到终点站时，应及时向列车调度员汇报，按其指示办理。

28. 运行途中，状态指示屏“油泵”灯亮时的处理

（1）查看微机显示屏显示（微机显示屏显示“油泵1故障”或“油泵2故障”）及根据无扭矩输出对应架（油泵1对应Ⅰ架、油泵2对应Ⅱ架），确定已断开的油泵三相自动开关。

（2）在控制电器柜闭合断开的油泵三相自动开关后，若故障随之消除，即可恢复正常运行。

（3）在控制电器柜闭合断开的油泵三相自动开关后，若该三相自动开关又随之断开，则按以下方法进行处理：

①若一架牵引电机无扭矩输出仍能够满足运行需要时，不再进行处理，维持运行到本次牵引区段的终点站报修。

②若一架牵引电机无扭矩输出即无法满足运行需要时：

a. 维持运行到车站后按列车调度员的指示办理。

b. 若在区间因牵引力不足无法维持运行到前方站或需要通过高坡地段时，则停车、断电降弓，断开控制电器柜“主变流器”自动开关 QA46，在Ⅰ端油泵电机上方（Ⅰ端司机侧车体下部）将车下电器接线盒（上标有变压器接线图）打开，将对应故障油泵的油流继电器接线（油泵 1：导线 538，细线由上到下第二根；油泵 2：导线 638，细线由上到下第四根）拆除后包扎好。然后闭合“主变流器”自动开关 QA46，升弓试验，确认机车牵引电机均有扭矩输出后维持运行。

注意：

（1）方法 b 适用于区间因油泵故障导致牵引力不足时的应急方案，一旦维持到车站或通过高坡区段后，需立即切除故障油泵对应架三台牵引电机维持运行。

（2）采用方法 b 维持运行过程中，若有站停机会，应及时检查变压器油温〔油温保护动作值：（100±3）℃〕，确保主变压器油温在 90 ℃以下维持运行。

29. 运行途中，状态指示屏“水泵”灯亮时的处理

（1）查看微机显示屏显示（微机显示屏显示“水泵 1 故障”或“水泵 2 故障”）及根据无扭矩输出对应架（水泵 1 对应Ⅰ架、水泵 2 对应Ⅱ架），确定发生故障的水泵。

（2）打开故障水泵三相自动开关对应架变流柜右上角带合页小门（Ⅰ架为Ⅰ端非司机侧、Ⅱ端司机侧；Ⅱ架为Ⅱ端非司机侧、Ⅰ端司机侧），检查水泵三相自动开关状态（左侧为辅变流器 APU 通风机三相自动开关，右侧为水泵三相自动开关）。若水泵三相自动开关断开，则人为闭合后继续运行。

（3）若人为闭合水泵三相自动开关后其又自动断开，即可判断为水泵故障。在此情况下则应按照规定程序反馈信息，并尽可能维持运行到终点站或前方站；若无法维持运行时，按列车调度员的指示办理。

30. 运行途中，状态指示屏“原边过流”灯亮时的处理

原因：

（1）在欠压状态下，手柄给定过高，二次侧电流过大或原边保护误动作；

（2）变压器原边短路、接地；

（3）牵引电机、变流器支路过流。

应急处理：

（1）重新闭合主断路器，进行牵引、电制动操作，若故障消除即恢复运行；若故障重新出现，可分别切除次边负载支路（主变流器、辅变流器），判断查找出故障处所，进行切除后维持运行。

（2）经以上处理，故障仍无法消除时，应尽量维持进站，请求救援。

31. 运行途中，状态指示屏“次边过流”灯亮时的处理

原因：

（1）次边支路有短路、接地、过流；

（2）保护系统误动作。

应急处理：

（1）次边过流伴有其他故障显示时，应首先检查故障显示所对应的电器（电路），在处理或切除相应电器（电路）

后，再将司机控制器调速手柄回“0”，按压司机台“复位”按钮进行复位操作。

（2）仅显示次边过流时，在进行复位操作后，可重新闭合主断路器，若能闭合且进行牵引、电制动操作故障不再出现时，则继续运行，回段报修；若故障重新出现，则分别切除主、辅变流器单元进行试验，若故障仍不能消除时，应尽量维持进站再进行处理。

（3）当主（辅）变流器多次过流造成锁死后，若要使其重新投入工作，必须断开再闭合控制电器柜“主（辅）变流器”自动开关 QA46（QA47）才能实现。

32. 运行途中，状态指示屏“蓄电池亏电”灯亮时的处理

运行途中，状态指示屏“蓄电池亏电”灯亮时，应立即确认控制电器柜上的蓄电池电压表、多功能状态组合模块上的控制电压表及微机显示屏上的控制电路电压显示，若其显示正常，则判断为蓄电池状态监测仪故障，可继续运行回段报修；若显示不正常，立即检查蓄电池充电器的工作状态，若其故障，即按本章第 70 条“运行途中，控制电源充电装置故障时的处理”方法进行处理。

若因蓄电池本身故障造成其亏电严重，致使控制电源充电装置无法对其充电时，应尽量维持运行到车站，再按“120”的指示办理。

33. 运行途中，状态指示屏“欠压”灯亮时的处理

运行途中，状态指示屏“欠压”灯亮时，司机应立即确认自动降弓装置是否动作、接触网是否停电，再根据确认情况按以下方法进行处理：

（1）若自动降弓装置动作，司机应立即采取停车措施，并锁定故障发生地点，随乘（学习）司机确认接触网有无异常。停车后，详细对弓、网进行检查：

①未刮弓时，换弓维持运行，并及时向列车调度员进行汇报。

②刮弓时，应严格按本章第 7 条“运行途中，机车受电弓被刮坏时的处理”方法进行处理。

（2）若判定接触网停电，应立即停车并向车站、列车调度员进行报告，并严格执行接触网停电时的各项规定。

（3）若接触网有电，机车网压表无显示时：

①及时确认、恢复控制电器柜上“网侧电压”自动开关 QA1 在闭合位；

②换升另一受电弓，维持运行。

（4）若接触网网压偏低时，再牵引时，应缓慢、平稳移动调速手柄，以保持接触网网压不低于 19 kV 维持运行。

34. 运行途中，调速手柄回“0”位，状态指示屏“零位”灯不亮时的处理

（1）活动调速手柄，重新置“0”位。

（2）点击状态指示屏“自检”按钮，若“零位”灯不亮，则为“零位”灯故障，其不影响机车的牵引与电制动，可继续运行。但在退回调速手柄时，注意确认手柄回到“0”位。

（3）若司机控制器故障，造成调速手柄回不到“0”位时，应尽量维持运行到前方站停车，再按第三章第 28 条的方法更换司机控制器后维持运行。

35. 运行途中，实施电制动时，状态指示屏“电制动”灯显示不正常时的处理

（1）准备实施电制动，调速手柄进入“制”区，状态指示屏“电制动”灯不亮时：

①调速手柄回“0”位，重新再给。

②采用固定重联运行方式时，通过微机显示屏确认，若另一机车正常时，则电、空配合，维持运行。

③使用空气制动，维持运行。

（2）在电制动过程中，状态指示屏“电制动”灯由亮变灭时：

①根据列车速度、线路纵断面、牵引重量等情况，准备或立即实施空气制动，谨防列车超速。

②调速手柄回“0”位，重新缓慢进行电制动操作。

③若电制动作用正常，仅状态指示屏“电制动”灯由亮变灭时，立即点击状态指示屏“自检”按钮，若“电制动”灯仍不亮，则判定为电制动灯故障，可继续维持运行，回段报修。

36. 运行途中，油流继电器故障时的处理

故障现象：

状态指示屏“油泵”灯不亮；微机显示屏显示“油泵1（油泵2）故障”，对应架三台电机无扭矩输出；查阅微机显示屏故障履历记录，显示“油泵1（油泵2）油流不良”。

处理方法：

司机控制器调速手柄回“0”位：

（1）若一架牵引电机无扭矩输出仍能满足运行需要时，不再进行处理，维持运行到本次牵引区段的终点站报修。

（2）若一架牵引电机无扭矩输出即不能满足运行需要时，应尽量维持运行到前方站或就地停车后，按以下方法进行处理：

①停车、断电降弓，断开控制电器柜“主变流器”自动开关QA46，在Ⅰ端油泵电机上方（Ⅰ端司机侧车体下部）将车下电器接线盒（上标有变压器接线图）打开，将故障油流继电器接线（油泵1：导线538，细线由上到下第二根；

油泵 2：导线 638，细线由上到下第四根）拆除后包扎好。然后闭合“主变流器”自动开关 QA46，升弓试验，确认机车牵引电机全部有扭矩输出后维持运行。

②运行中，司机应随时注意油泵的工作状态，站停时应注意检查变压器的油温，确保主变压器油温在 90 ℃以下维持运行。

37. 运行途中，变压器油温高时的处理

故障现象：

机车主断路器自动断开，微机显示屏显示“变压器油温高”。查看微机显示屏故障履历记录，其显示“变压器油温过高”。

处理方法：

尽量维持到前方站停车后，再按以下方法进行处理：

（1）下车检查变压器油温表显示，若其显示超过 90 ℃，应及时按规定程序反馈信息，并按列车调度员的指示办理。

（2）如油温低于 90 ℃，则可判断为油温继电器故障。即降弓，断开控制电器柜“机车控制”自动开关 QA45，在油泵 1 电机上方（Ⅰ端司机侧车体下部）将车下电器接线盒打开（上标有变压器接线图），将 KP52 油温继电器接线 438（细线最下一根）拆除后包扎好，然后闭合控制电器柜“机车控制”自动开关 QA45，升弓、闭合主断路器后维持运行。

（3）拆除导线 438 后，运行途中应做到停车就检，以确保主变压器油温在 90 ℃以下维持运行。

38. 运行途中，水流量计故障时的处理

故障现象

运行途中，状态指示屏“主变流器”灯亮；微机显示屏显示“CI1～CI3（或CI4～CI6）故障”，对应架三台牵引电机无扭矩输出；查看微机显示屏故障履历记录，显示“CI1～CI3（或CI4～CI6）水流下降”。

处理方法：

高压状态下检查故障对应架水流量计（Ⅰ架为Ⅰ端非司机侧、Ⅱ端司机侧；Ⅱ架为Ⅱ端非司机侧、Ⅰ端司机侧）：

（1）若流量计黑针显示高于红针指示刻度之上（正常时流量黑针指示在200 L/min左右），即可判定为该流量计联锁不良。此时应断电、降弓，断开控制电器柜“主变流器”自动开关QA46，打开故障流量计侧面联锁盒，将流量计低压联锁左侧两根线短接在一起，然后闭合“主变流器”自动开关QA46维持运行。

（2）若流量计黑针指示低于红针，说明流量计内部有堵塞现象，可关闭流量计下方VL3折断塞门，断电后再合闸，待水泵启动后瞬间打开VL3折断塞门，以此对流量计内部管路进行冲击（可反复几次），若流量计黑针指示显示恢复正常，即可恢复正常运行。

（3）若经以上处理，流量计黑针仍指示在红针刻度之下时，应立即在微机显示屏利用触摸开关切除故障架对应的三组主变流器，维持运行到终点站或前方停车站，再按列车调度员的指示办理。

39. 运行途中，微机显示屏显示“油泵1(2)故障”时的处理

运行途中，微机显示屏显示“油泵1（2）故障”时，应立即确认状态指示屏，若状态指示屏“油泵”灯亮，则可判定为油泵1（2）自动开关因故断开；若状态指示屏“油泵”灯不亮，则可判定为油泵自动开关虽未断开，但其并未正常工作或虽油泵工作正常但其油流继电器故障。

处理方法

(1) 状态指示屏“油泵”灯亮按本章第28条“运行途中，状态指示屏‘油泵’灯亮时的处理”方法进行处理。

(2) 若油流继电器故障时，按本章第36条“运行途中，油流继电器故障时的处理”方法进行处理。

40. 运行途中，某一牵引风速继电器故障时的处理

确定牵引风速继电器故障的方法

(1) 状态指示屏“牵引风机”灯不亮，查看微机显示屏，其显示“牵引风机*故障”，对应牵引电机无扭矩输出；查阅微机显示屏故障履历记录，显示“风机M*通风不良”，即可确定故障的牵引风速继电器。

(2) 也可在高压状态，换向手柄置“前”位，确认牵引风机工作状态，若故障履历记录显示“风机M*通风不良”的牵引风机工作正常，则可确定该牵引风机风速继电器故障。

处理方法

(1) 若切除该台牵引风机能够维持运行时，立即切除该台牵引风机维持运行。

(2) 若切除该台牵引风机无法维持运行时，可短接该风速继电器两根引出线维持运行。

(3) 短接牵引风速继电器引出线维持运行时，应随时注意观察其对应的牵引风机工作状态，防止因其故障而使牵引电机过热烧损。

41. 运行途中，微机显示屏显示“CI1～CI6(或某支路)冷却器温度高”或“复合冷却器高温故障”时的处理

运行途中，微机显示屏显示“CI1～CI6(或某支路)冷却器温度高”或“复合冷却器高温故障”时，乘务员应立即检查其对应的冷却风机、水泵、油泵工作状态，若发现不良处所，及时对症处理；若未发现不良处所，则按以下方法进行处理。

（1）司机控制器调速手柄回“0”位，按压司机台“复位”按钮进行复位操作。

（2）加强通风（可切除任一辅变流器，使冷却风机工作在恒压恒频状态），在停车就检时注意检查主变压器油温（油温表在机车下部），并将故障现象及油温读数记录在“动态活件登记卡”上，维持运行回段后报修。

（3）若切除“CI1～CI6（或某支路）冷却器温度高”或“复合冷却器高温故障”对应的主变流器可以维持运行时，则将其切除后维持运行。

42. 运行途中，微机显示屏黑屏时的处理

（1）运行途中，微机显示屏黑屏或显示不正常时，若机车仍有扭矩输出，可暂不处理，待运行到前方停车站再进行处理。

（2）利用司机台“复位”按钮进行复位操作。

（3）检查、确认控制电器柜“微机控制”自动开关在闭合位。

（4）确认微机显示屏上无异物，断开控制电器柜“微机控制”自动开关，用手指一直按住触摸屏，此时按住触摸屏的手指不要拿开，闭合控制电器柜“微机控制”自动开关，大约 10 s 左右，屏幕右上角出现一个白色小光标，按住光标约两三秒，此处光标消失（发出“僻”的声音），触摸屏左下角出现同样的光标，按住此处光标约两三秒左右，光标消失（发出“僻”的声音），此时进入微机显示屏英文黑白菜单界面，按左下角“writeconfig”（写入）触摸按钮，再按右下角重起触摸按钮，待微机启动后，再试微机显示屏触摸屏各触摸按钮，若有效，则表明修复成功。

（5）断电、降弓后，断开再闭合控制电器柜“蓄电池”自动开关，使微机控制系统，复位、重启，故障得以消除。

43. 运行途中，机车乘务员发现变流柜冷却水循环系统泄漏时的处理

运行途中，机车乘务员在进行走廊巡视时，应对变流柜至复合冷却器间水循环通路中的各塞门、法兰、水流计的连接部分进行检查，发现有泄漏现象时，应立即检查水位是否符合要求。若泄漏量较大或冷却水位低于下限时，应立即切除该变流柜的三组主变流器，断开该变流柜水泵三相自动开关（打开变流柜右上角第一块合页门，断开右侧三相自动开关），降功率维持运行，并将故障情况填写在“动态活件登记卡”上，回段报修。

（二）制动系统故障

44. 运行途中，压缩机扳键开关置“压缩机”位，压缩机不工作时的处理

运行途中，压缩机扳键开关置“压缩机”位，压缩机不工作时，将压缩机扳键开关置“强泵风”位，若压缩机能够工作时，则利用压缩机扳键开关“强泵风”位，保持总风缸风压在 800 kPa 以上维持运行。

45. 运行途中，某台压缩机故障时的处理

运行途中，某台压缩机故障时，可利用另一压缩机维持运行。在维持运行过程中，应随时注意观察总风缸风压，充分利用压缩机扳键开关的“强泵风”位，保持总风缸风压在 800 kPa 以上维持运行。

46. 运行途中，采用固定重联运行方式的某一机车压缩机全部故障，而另一机车压缩机工作正常时的处理

运行途中，采用固定重联运行方式的某一机车的压缩机全部故障，而另一机车压缩机工作正常时，可暂不处理，维持运行到前方停车站或回段后再进行处理。

注意：HXD_3 型机车在总风联管与总风缸管之间设置了

一总风流量抑制堵，用来抑制总风联管折角塞门开放后的总风缸管风压下降速度，以确保列车运行安全。因受总风流量抑制堵及供总风风压表、制动显示屏使用的总风风压选取总风管位置不同的影响，一般情况下，总风风压表显示的风压均高于制动显示屏显示的总风风压。若采用固定重联运行方式的一位机车压缩机全部故障，其差别将明显增大（可能超过 150 kPa），且因二位机车仅有一台压缩机工作，当制动显示屏显示的总风缸风压较低时，列车管充风（总风缸风压上升）速度比较缓慢；当制动显示屏显示的总风风压达到或接近 900 kPa 时，则列车管的充风速度基本不受影响。故当采用固定重联运行方式的一位机车压缩机全部故障时，在缓解列车制动前，司机应使用压缩机扳键开关“强泵风”位，尽量使制动显示屏显示的总风缸风压达到或接近900 kPa。遇长大下坡道时，则应采取降低列车运行速度，尽量减少空气制动而利用动力制动的方法维持运行。

47. 运行途中，压缩机扳键开关置“压缩机”、“强泵风”位，压缩机接触器均不闭合时的处理(此条仅供在接受“120”指导时参考)

运行途中，压缩机扳键开关置“压缩机”、“强泵风”位，压缩机均不工作，在微机显示屏“牵引/制动”画面，点击〖机器状态〗、〖开关状态〗，进入“开关状态”画面第二页，若确认 KM13、KM14 底色均未变为绿色，即可确定压缩机接触器均未闭合。

确定压缩机接触器均未闭合后，按以下顺序进行处理：

（1）扳键开关故障

在微机显示屏“牵引/制动”画面，点击〖检修状态〗→输入密码“000”→点击〖确认〗〖状态〗〖信号信息〗→进入“信号信息”画面→点击〖DI2〗→进入“DI2”画面第一页（Ⅱ端操纵第二页），分别将压缩机扳键开关置“压缩机”、“强泵风”位，若519线（Ⅱ端操纵619线）、518线（Ⅱ端操纵618线）底色均未变为绿色，则可判定为扳键开关组故障，尽量维持到前方站，换端操纵或更换扳键开关组维持运行。

（2）压缩机本身故障

若519线（Ⅱ端操纵619线）、518线（Ⅱ端操纵618线）底色均变为绿色，说明扳键开关组作用良好，可进入“DI1”画面第二页，查看417（418）、419（420）线，若其底色未变为绿色，说明压缩机本身故障造成接触器不闭合。

①419（420）线不得电（底色未变为绿色）

面对Ⅰ（Ⅱ）端压缩机，将空气滤清器风筒下方黑色四方插头（压力传感器）紧固螺栓松开，拔下插头，重新插接并人为活动几下后固定，若419（420）变绿，此时，将压缩机扳键开关置“强泵风”位，若压缩机接触器闭合，即可继续运行。若经上述操作，419（420）线仍不得电时，则断电、降弓，断开控制电器柜“机车控制”自动开关QA45，打开Ⅰ（Ⅱ）端压缩机右侧控制盒，在接线排上找到355、419（420）线（由上到下排列355线为1孔、419（420）位6孔），将两根线破皮短接，此时，再将压缩机扳键开关置“强泵风”位，若压缩机接触器闭合，即可恢复运行。但在运行中，必须随时注意检查压缩机的工作温度，若压缩机扳键开关回“0”后，必须间隔一段时间才能将其置“压缩机”或“强泵风”位。

②417（418）不得电（底色未变为绿色）

断电、降弓，断开控制电器柜“机车控制”自动开关QA45，打开Ⅰ（Ⅱ）端压缩机右侧控制盒，在接线排上找到355、417（418）线（由上到下排列355线为10孔、417

(418) 位9孔)，将两根线破皮短接，此时，再将压缩机扳键开关置“强泵风”位，若压缩机接触器闭合，即可恢复运行。

注意：进行压缩机故障处理时，应注意考虑压缩机扳键开关，总风缸风压、压缩机工作状态三者之间的关系。

48. 采用固定重联运行方式的一位机车制动机故障，若二位机车单机牵引能够满足运行需要时的处理

(1) 断开一位机车控制电器柜“电控制动”自动开关QA55。

(2) 将一位机车大闸手柄锁定“重联”位。

(3) 将二位机车制动系统设置为“本机货车”状态。

(4) 将二位机车大闸手柄置“抑制”位1 s后回“运转”位，消除惩罚制动。

(5) 二位机车乘务员听从一位机车乘务员的指挥，精心操作制动机。

(6) 二位机车实施大闸减压制动后，若通过侧压小闸手柄缓解机车制动缸风压时，其只能缓解二位机车制动缸风压；只有将二位机车大、小闸手柄均置“运转”位，才能同时缓解两台机车的制动缸风压。

49. 采用固定重联运行方式的一位机车制动机故障，若二位机车单机牵引不能满足运行需要时的处理(此条仅供在接受“120”指导时参考)

(1) 断开两台机车控制电器柜“蓄电池”自动开关QA61，再断开一位机车控制电器柜“电控制动”自动开关QA55。

(2) 将一位机车大闸手柄锁定在“重联”位。

(3) 在一位机车微机控制柜背面，找到CN7号插头(上排右3)内801号导线、805号导线、CN8号插头(上排右2)内355号导线，并分别将其破皮。

(4) 用短接线将破皮的801、805、355三根导线短接。

(5) 闭合两台机车控制电器柜“蓄电池”自动开关QA61，确认微机控制系统进入“重联”控制模式。

(6) 将二位机车制动系统设置为“本机货车”状态。

(7) 将二位机车大闸手柄置“抑制”位1 s后回“运转”位，消除惩罚制动。

(8) 二位机车乘务员听从一位机车乘务员的指挥，精心操作制动机。

(9) 二位机车实施大闸减压制动后，若通过侧压小闸手柄缓解机车制动缸风压时，其只能缓解二位机车制动缸风压；只有将二位机车大、小闸手柄均置“运转”位，才能同时缓解两台机车的制动缸风压。

50. 采用固定重联运行方式的二位机车制动机故障，若一位机车单机牵引能够满足运行需要时的处理

(1) 断开二位机车控制电器柜“蓄电池”自动开关QA61。

(2) 确认二位机车大闸手柄锁定在“重联”位。

(3) 确认一位机车制动系统设置为“本机货车”状态。

(4) 将一位机车大闸手柄置“抑制”位1 s后回“运转”位，消除惩罚制动。

(5) 一位机车实施大闸减压制动后，若通过侧压小闸手柄缓解机车制动缸风压时，其只能缓解一位机车制动缸风压；只有将一位机车大、小闸手柄均置“运转”位，才能同时缓解两台机车的制动缸风压。

51. 采用固定重联运行方式的二位机车制动机故障，若一位机车单机牵引不能满足运行需要时的处理(此条仅供在接受“120”指导时参考)

(1) 断开两台机车控制电器柜“蓄电池”自动开关

QA61，再断开二位机车控制电器柜“电控制动”自动开关QA55。

（2）确认二位机车大闸手柄锁定在“重联”位。

（3）在二位机车微机控制柜背面，找到CN7号插头（上排右3）内801号导线、805号导线、CN8号插头（上排右2）内355号导线，并分别将其破皮。

（4）用短接线将破皮的801、805、355三根导线短接。

（5）闭合两台机车控制电器柜“蓄电池”自动开关QA61，确认机车微机控制系统进入“重联”控制模式。

（6）确认一位机车制动系统设置为“本机货车”状态。

（7）将一位机车大闸手柄置“抑制”位1 s后回“运转”位，消除惩罚制动。

（8）一位机车实施大闸减压制动后，若通过侧压小闸手柄缓解机车制动缸风压时，其只能缓解一位机车制动缸风压；只有将一位机车大、小闸手柄均置“运转”位，才能同时缓解两台机车的制动缸风压。

52. 制动显示屏死机时的处理

（1）断开控制电器柜“蓄电池”自动开关60 s以上再闭合，如果故障仍然存在，则观察确认“集成处理器模块”（IPM）上的“CPU－OK”指示灯（由上到下第二个灯）是否亮，若指示灯亮，则可继续执行下一步操作。

（2）按照第三章第18条的操作方法，将非操纵端的制动显示屏更换到操纵端。

（3）更换完成后，按照以下方法重新设定A/B端：

点击F7“显示信息”键，再点击F3“机车号”键，使用F4键将光标移动到机车号最后一个字母下方（Ⅰ端为A，Ⅱ端为B)，然后点击F1“递增”键，使机车号及字母与微机显示屏的“Ⅰ、Ⅱ端”匹配，再点击F6“接受”键，最后点击F8

"退出"键，确认显示屏右下方新设定的 A/B 端正确。

53. 操纵端制动显示屏黑屏时的处理

运行途中，操纵端制动显示屏黑屏，若仍能利用大、小闸控制列车管、机车制动缸风压时，可暂不处理，继续维持运行；若无法维持运行时，立即查看操纵端制动显示屏电源指示灯，按以下方法分别进行处理：

(1) 电源指示灯亮时，立即按压显示屏下方 F1～F8 任意键 1～3 s 后，观察确认制动显示屏是否正常。

(2) 电源指示灯不亮时，则将机车电钥匙置"0"位、断开控制电器柜上"电控制动"自动开关 30 s 后再闭合，然后再将机车电钥匙置"合"位，观察制动显示屏是否启动正常。

(3) 若经以上处理，制动显示屏仍不能恢复正常时，则到制动控制柜处，观察确认"集成处理器模块"(IPM) 上的"CPU－OK"指示灯（由上到下第二个灯）是否亮：

①若该指示灯亮，则按第三章第 18 条的操作方法，将非操纵端制动显示屏更换到操纵端维持运行。

②若该指示灯不亮，需断开控制电器柜"蓄电池"自动开关 60 s 再闭合，若正常则继续运行。

③经以上处理，若故障仍不能消除时，则按机车制动机故障时的处理方法进行处理。

54. 运行中机车自动起非常，制动显示屏提示"紧急制动"时的处理

将本务机车大闸手柄置"紧急"位 60 s 后再回"运转"位，观察列车管是否能够正常缓解：

(1) 若能够正常缓解，则暂不处理，先维持运行。

(2) 若不能正常缓解，进入制动显示屏"事件/故障记录"画面（点击 F3"电空制动"键→点击 F7"维护菜单"

键→点击 F2“事件记录”键)，查看故障记录内容，根据以下相关故障信息提示做相应处理：

①紧急制动：操作员

含义：乘务员将大闸手柄置“紧急”位。

处理：大闸手柄置“紧急”位 60 s 后回“运转”位。

②紧急制动：ATP

含义：人为按压紧急停车按钮或“运记”自停装置动作。

处理：检查恢复机车紧急停车按钮或解锁“运记”后，大闸手柄置“紧急”位 60 s 后回“运转”位。

③紧急制动：列车管线

含义：列车管管线有快速排风或较大泄漏处所。

处理：

a. 关闭机后第一位车辆前端列车管折角塞门，大闸手柄置“紧急”位 60 s 后再回“运转”位，重新缓解。若列车管缓解正常，则可判断为车辆制动机故障；若列车管仍不能缓解且采用固定重联运行方式时，应开放机后第一位车辆列车管折角塞门，关闭一、二位机车间的列车管折角塞门，大闸手柄置“紧急”位 60 s 后回“运转”位进行试验，若列车管能够缓解，则为二位机车列车管存在故障。若仍不能正常缓解，则为一位机车列车管线存在故障。

b. 判断出故障处所后，应根据排风处所不同进行对症处理。

④紧急制动：列车管线（伴随制动显示屏显示 F014－53 代码）

含义：非操纵端大闸在“紧急”位。

处理：将非操纵端大闸手柄锁定在“重联”位后，再将操纵端大闸手柄置“紧急”位 60 s 后回“运转”位。

⑤紧急制动：ATP/（伴随微机显示屏“故障履历”画面提示：警惕动作）

含义：警惕装置（死人装置）动作

处理：调速手柄、机车电钥匙回“0”位，再将机车电钥匙置“合”位，大闸手柄置“紧急”位 60 s 后再回“运转”位，重新缓解。

（3）采用固定重联运行方式的一位机车制动显示屏无任何故障记录时

①立即上二位机车进行检查，若发现二位机车操纵端制动显示屏黑屏时，可按制动显示屏黑屏的处理办法处理。

②若二位机车操纵端制动显示屏工作正常，则需进入制动显示屏“事件/故障记录”画面，检查其故障记录内容，根据故障记录做相应处理。若无法处理时，可按机车制动系统故障时的处理方法进行处理。

55. 运行中制动显示屏突然无列车管、均衡风缸风压显示(没有表针)**，机车自动制动，制动显示屏显示“空气制动故障——×××”，有时伴随状态指示屏“制动故障”红灯亮、微机显示屏显示“电控装置故障”时的处理**

原因：制动显示屏与 IPM 处理器之间通信异常中断。

处理：

（1）断电、降弓，机车电钥匙回“0”位 30 s 后，再将机车电钥匙置“合”位，待制动显示屏启动完毕后，观察制动显示屏上总风缸管、机车制动缸及均衡风缸、列车管风压显示是否恢复。

（2）若制动显示屏上总风缸管、机车制动缸及均衡风缸、列车管风压仍不能正常恢复时，需将机车电钥匙置“0”位，再将控制电器柜上“电控制动”自动开关 QA55 断开 30 s 后再合上，然后再将机车电钥匙置“合”位，待制动显示屏启动完毕后观察其显示状态。

（3）若制动显示屏仍无法正常显示总风缸管、机车制动缸及均衡风缸、列车管风压时，需再次将控制电器柜上“电控制动”自动开关 QA55 断开 30 s 后再合上，然后机车电钥匙置“合”位，待制动显示屏启动完毕后再观察其显示状态。

（4）若故障依旧时，观察制动控制柜 IPM 上最上方两个绿灯（IPM 工作电源灯、CPU－OK 工作正常指示灯）是否正常点亮：

①若正常点亮时，需按第三章第 18 条的操作方法将非操纵端制动显示屏更换到操纵端。

②若两个绿灯之一未点亮或 IPM 上一排红灯均点亮，这说明 IPM 微处理器故障，则反复断、合控制电器柜“电控制动”自动开关 QA55 使其上电重启，若故障仍不能消除时，在确认牵引力足够的情况下，则按机车制动机故障时的处理方法维持运行或维持进站后再进行处理。

56. 运行途中，状态指示屏“停车制动”灯亮，弹停装置处于制动状态时的处理

（1）检查总风缸风压在 500 kPa 以上、弹停塞门在开放位。

（2）将弹停转换开关置“缓解”位、按压弹停缓解手动按钮。

（3）断电、降弓、停车，断开机车控制电器柜“蓄电池”自动开关 60 s 后再闭合，使微机复位、重启，以消除故障。

（4）若故障依旧时，则在“120”指挥下，按以下方法进行处理：

①断开故障机车控制电器柜“蓄电池”自动开

关 QA61。

②在Ⅱ端司机室背后端子柜内找到 1733 线（1 排 9 号柱）与 440 线（1 排 4 号柱），分别将其破皮并用短接线将其短接。

③关闭弹停塞门，下车分别拉动 1、6 轴四个弹停制动缸“辅助缓解”手柄，人工缓解弹停制动。

④闭合控制电器柜“蓄电池”自动开关 QA61 后，将“仪表/车底灯”扳键开关置“全开”位、机车电钥匙置“合”位。此时，状态指示屏“停车制动”红灯灭，机车即可维持运行。

57. 机车发生惩罚制动时的处理

（1）机车发生惩罚制动的原因

①机车电钥匙 SA49（SA50）置“0”位；

②闭合控制电器柜“微机控制 1（2）”自动开关 QA41（QA42）；

③断开控制电器柜“司机控制 1（2）”自动开关 QA43（QA44）；

④断开控制电器柜“机车控制”自动开关 QA45；

⑤断开控制电器柜“电控制动”自动开关 QA55；

⑥断开控制电器柜“蓄电池”自动开关 QA61；

⑦A、B 端识别错误；

⑧制动系统故障。

（2）应急处理

①依据机车发生惩罚制动的原因对症处理后，将大闸手柄置“抑制”位 1 s 后回“运转”位。消除制动系统故障。

②断开控制电器柜“蓄电池”自动开关 60 s 再闭合，待制动系统启动后，再将大闸手柄置“抑制”位 1 s 后回“运转”位。

③操纵端处理无效，确认制动控制柜的集成处理器模块IPM上第二个指示灯“CPU－OK”灯亮时，换端操纵维持进站。

58. 辅助压缩机泵不起风时的处理

（1）采用固定重联运行方式时，可利另一机车辅助压缩机泵风，待其控制风路风压达到650 kPa时，升弓、闭合主断路器，启动主压缩机工作，待总风缸风压提高到650 kPa后，断电、降弓，再恢复正常操作。

（2）单机牵引时，若辅助压缩机泵风5 min后，控制风路风压不能有效上升时，须立即断开控制电源柜“机车控制”自动开关QA45、“辅助设备”自动开关QA51，停止辅助压缩机的工作，确认弹停装置处于制动状态后，关闭制动控制柜上方总风缸塞门A24及干燥器下方控制风缸塞门U77，再闭合QA45、QA51自动开关，按下辅助压缩机启动按钮，启动辅助压缩机泵风，待控制风路风压达到650 kPa后升弓，启动压缩机泵风使总风缸风压达到750 kPa，再开放总风塞门A24及控制风缸塞门U77。

说明：在总风塞门A24关闭期间，应注意控制辅助压缩机的泵风状态。当控制风路风压低于550 kPa时，即应启动辅助压缩机进行泵风。

59. 运行途中，警惕装置动作时的处理

原因

（1）警惕装置不良，按压警惕按钮或脚踩警惕开关无效；

（2）司机未在规定时间按压警惕按钮或脚踩警惕开关。

应急处理

运行途中一旦警惕装置动作，司机应立即将调速手柄回“0”位、大闸手柄置“抑制”位，待列车停车后，先依据第

三章第30条的方法确认警惕按钮、警惕开关作用是否正常，再按以下方法进行处理：

(1) 若作用正常，则将机车电钥匙回“0”位后再置“合”位，大闸手柄置“紧急”位60 s后再回“运转”位，缓解列车开车，运行中，严格按规定时间按压警惕按钮或脚踩警惕开关。

(2) 若确认警惕按钮 、警惕开关作用不良，则按以下方法进行处理：

①与“120”取得联系，获得处理授权。

②断电、降弓，断开控制电器柜“蓄电池”自动开关QA61。

③拆下控制电器柜左下侧防护板（电度表周围，用共12颗手动螺钉固定），拔出KE21继电器（最下方的继电器）。

④闭合控制电器柜“蓄电池”自动开关QA61，升弓、闭合主断路器后维持运行，回段报修。

60. 运行途中，仅有一轮对空转严重或仅有一轮对不空转时的处理

运行途中，仅有一轮对空转严重或仅有一轮对不空转，且按常规方法（撒砂、降低级位、机车制动）抑制空转均无效时，可利用微机显示屏触摸开关切除空转严重（或唯一不空转）轮对对应的主变流器维持运行。

61. 运行途中，采用固定重联运行方式的司机发现二位机车弹停装置已处于制动状态时的处理

运行途中，采用固定重联运行方式的司机发现二位机车无牵引力时，应立即按第三章第6条的方法，利用微机显示屏确认固定重联二位机车弹停装置的作用状态，发现二位机车弹停装置已处在制动状态时，应立即停车，设法使固定重联二位机车的弹停装置处于缓解状态后维持运行。

62. 运行途中，遇压缩机长时间泵风，空气干燥器排风不止时的处理

（1）切除与排风空气干燥器对应的压缩机维持运行。

（2）若采用固定重联运行方式，且一时又无法确认漏风处所时，可将干燥器排风所在机车的两台压缩机全部切除（必须确认两车之间总风管连接可靠，塞门位置正确）。

注：HXD_3 型机车一台压缩机对应一套空气干燥器，且空气干燥器进出口均有逆止阀，故切除压缩机即切除了其对应的空气干燥器。

63. 运行途中，机车制动缸不缓解时的处理

（1）确认机车制动系统设置正确、大、小闸手柄位置正确。

（2）牵引车辆运行时，可缓慢关闭制动控制柜上的制动缸风路塞门，使制动缸缓慢缓解后维持运行。运行中应谨慎操纵，尽量使用电制动控制列车速度；必须使用空气制动时，应采取电空配合方式，先电制动、后空气制动；若关闭本务机车制动缸风路塞门维持运行时突发紧急制动，应立即施行弹停制动，并开放制动缸风路塞门。待维持运行到前方停车站后，再按以下方法进行处理：

①断开再闭合控制电器柜“电控制动”自动开关QA55。

②断电、降弓，断开控制电器柜“蓄电池”自动开关60 s再闭合。

③若故障仍无法消除时，则在“120”的指挥下对制动机进行“自检”处理，以消除故障。

64. 进行列尾常排试验时，发现机车向列车管补风时的处理

（1）进行列尾常排试验时，发现机车向列车管补风时，应立即通过制动显示屏，查看制动系统的设置，若制动系统设置在“本机客车”或“本机的补风”状态时，应立即将其改为“本机货车”状态。

（2）断电、降弓，断开控制电器柜“蓄电池”自动开关60 s再闭合，使制动系统失电，复位、重启来消除故障。

65. 运行途中，列车实施紧急制动再缓解，列车管充不起风时的处理

（1）将大闸手柄置“紧急”位60 s后，再置“运转”位。

（2）若因按压“紧急停车”按钮而实施的紧急制动，则检查、确认“紧急停车”按钮已恢复。

（3）若因开放列车管手动放风塞门而实施的紧急制动，则检查，确认列车管手动放风塞门已关闭。

（4）大闸手柄置“紧急”位后再缓解，若列车管充不起风，且司机室下部排风，可能为大闸紧急制动阀卡在紧急制动位。此时，在轻敲紧急制动阀后，再将大闸手柄紧急—运转来回移动几次，以使紧急制动阀复位。

（5）若因列车管风压迅速下降引起紧急放风阀动作后，缓解时紧急放风阀排风，则轻敲紧急放风阀后，再将大闸手柄紧急—运转位来回移动几次，使紧急放风阀复位。

（6）非操纵端或采用固定重联运行方式的二位机车有人时，注意检查有人处大闸手柄、紧急停车按钮位置。

（7）在列车制动状态下，关闭机后列车管折角塞门进行试验，若机车列车管充风正常，则为车辆故障，即按车辆制动机故障的处理方法进行处理；若机车列车管仍充不起风时，则断电降弓，断开控制电器柜“蓄电池”自动开关60 s再闭合，使制动系统失电，复位、重启来消除故障。

66. 运行途中，进行常用制动时，列车管不减压时的处理

（1）列车在区间调速，电制动良好时，立即开启电制动控制列车速度；电制动故障时，应立即采取紧急制动措施。

（2）列车停车时，应立即采取紧急制动措施，以确保列车安全。

（3）列车停车后，可断开、再闭合控制电器柜“电控制动”自动开关 QA55 进行试验，若故障仍然存在，则断开控制电器柜“蓄电池”自动开关 60 s 再闭合，以使制动系统失电，复位、重启来消除故障。

（4）若经以上处理，故障仍不能消除时，若采用固定重联运行方式，则按本章第 48～51 条的处理方法进行处理。

67. 运行途中，机车列车管、总风联管、平均管折角塞门撞坏或关闭不严时的处理

运行途中，机车列车管、总风联管、平均管折角塞门撞坏或关闭不严时，应在机车下部关闭其对应的防撞塞门维持运行。

68. 运行途中，后视镜漏风严重时的处理

运行途中，后视镜漏风严重时，可直接关闭司机台下后视镜风路塞门维持运行。

69. 运行途中，机车风笛长鸣时的处理

（1）非操纵端

①按压风笛按钮或脚踩风笛脚踏开关促其接点断开。

②在控制电器柜断开该端“司机控制”自动开关（例：若在Ⅰ端操纵，Ⅱ端风笛长鸣，则断开控制电器柜“司机控制 2”自动开关）。

③关闭风笛塞门（风笛塞门设在机械室门内左、右上角隔墙上，其被封闭，需用十字螺丝刀拆开后才能关闭。司机侧为低音风笛塞门，其邻近电空阀为低音风笛电空阀，受风笛脚踏开关控制；随乘司机侧为高音风笛塞门，其邻近电空

阀为高音风笛电空阀，受风笛按钮控制）。

（2）操纵端

①按压风笛按钮或脚踩风笛脚踏开关促其接点断开。

②关闭长鸣风笛对应塞门（风笛塞门设在机械室门内左、右上角隔墙上，其被封闭，需用十字螺丝刀拆开后才能关闭。司机侧为低音风笛塞门，其邻近电空阀为低音风笛电空阀，受风笛脚踏开关控制；随乘司机侧为高音风笛塞门，其邻近电空阀为高音风笛电空阀，受风笛按钮控制），利用另一高（低）音风笛维持运行。

（三）控制电源故障

70. 运行途中，控制电源充电装置故障时的处理

原因：PSU1 或 PSU2 故障

应急处理：

（1）控制电源充电装置 PSU 有二组，当一组出现故障时，微机会自动转换使另一组投入工作。

（2）若微机没有转换，尽可能维持运行到前方站停车，对 240 号以前的机车，可按第三章第 20 条的方法修改微机显示屏日期（例如今天是6 月 1 日，改成6 月 2 日或5 月 30 日等，以此类推，即改变日期的奇偶数）后，断电、降弓，将机车电钥匙置“0”位、断开再闭合控制电器柜“微机控制”自动开关，再将机车电钥匙置“合”位，待微机重启，使另一组控制电源充电装置投入工作。

（3）HXD_3 型大号机车（240 号以后的机车），当微机无法进行自动转换时，可在主断路器断开后，利用充电单元选择开关手动进行转换。

（4）在断路、降弓、停车状态下，断开再闭合控制电器柜“蓄电池”自动开关 QA61。

（5）若控制电源充电装置 PSU 故障经转换及断电复位

后，故障仍无法消除时，可分别切除辅变流器进行试验，如有一组控制电源充电装置恢复工作，即可维持运行。

(6) 若经以上操作，仍未能有任一组控制电源充电装置投入工作时，应根据实际情况及时向车站及车间派班室反馈信息，节约用电，尽量维持运行到终点站或前方站停车进行处理。

71. 为了防止机车蓄电池亏电，在机车检修、整备及教学用车时的注意事项

机车检修、整备及教学用车时，如非必要，仅允许使用车内照明，以防长时间作业导致蓄电池亏电，并随时注意车上 4 个观察蓄电池电压的设备：蓄电池电压表（控制电器柜）、控制电路电压表（司机室）、微机显示屏控制电压及蓄电池状态监测仪（蓄电池充电器）。超过 2 h 或发现控制电路电压低于 96 V 时，必须升弓充电。

72. 为了防止机车蓄电池亏电，站停列车接到接触网停电通知时的处理

站停列车接到接触网停电通知后，应立即将压缩机扳键开关置“强泵风”位，使总风缸风压达到 950 kPa，确认控制风缸塞门 U77 开放，待控制风缸充满风后，关闭 U77。在接触网停电后 10 min 内按以下方法进行处理：

(1) 单台机车或采用固定重联运行方式的一位机车断开机车控制电器柜除“网侧电压”QA1、“车内照明”QA48、“车外照明”QA49、“无线电台”QA52、“自动信号”QA53、“监控装置”QA54、“控制回路接地”QA59、“蓄电池”QA61 以外的单相自动开关。

(2) 采用固定重联运行方式的二位机车及有火附挂机车仅断开控制电器柜“蓄电池”自动开关 QA61。

(3) 经以上处理后，乘务员应密切监视机车蓄电池电压，发现机车蓄电池电压低于 96 V 时，应根据实际情况及时向车站及车间派班室反馈信息，避免机车蓄电池亏电影响列车正常运行。

（4）机车乘务员接到或发现接触网已经送电后，应及时将控制电器柜自动开关恢复到正常运行状态、打开控制风缸塞门 U77、升弓、闭合主断路器，使蓄电池及时恢复到充电状态。

73. 为了防止机车蓄电池亏电，在机车运行中，遇接触网不明原因停电或机车故障进行处理时，若在 30 min 之内机车未恢复高压供电时的处理

机车运行中，遇接触网不明原因的停电或机车故障进行处理时，若在 30 min 之内机车未恢复高压供电时，乘务员应按以下方法进行处理：

（1）单台机车或采用固定重联运行方式的一位机车断开控制电器柜除“网侧电压”QA1、“车内照明”QA48、“车外照明”QA49、“无线电台”QA52,、“自动信号”QA53、“监控装置”QA54、“控制回路接地”QA59、“蓄电池”QA61 以外的单相自动开关。

（2）采用固定重联运行方式的二位机车及有火附挂机车仅断开控制电器柜“蓄电池”自动开关 QA61。

（3）经以上处理后，乘务员应密切监视机车蓄电池电压，发现蓄电池电压低于 96 V 时，应根据实际情况及时向车站及车间派班室反馈信息，避免机车蓄电池亏电影响列车正常运行。

（4）机车乘务员发现接触网已经送电后，应及时将控制电器柜自动开关恢复到正常运行状态，迅速升弓、闭合主断路器，使蓄电池及时恢复到充电状态。

74. 为了防止机车蓄电池亏电，机车回送时的规定

机车无火回送时，应断开控制电器柜除“蓄电池”“车内照明”以外的所有单相自动开关。

机车有火回送时，单台机车及采用固定重联运行方式的一位机车，应正常升弓、闭合主断路器运行，但采用固定重联运行方式的二位机车则需断开控制电器柜“蓄电池”自动开关 QA61 运行。

75. 为了防止机车蓄电池亏电，机车在库内或到达折返点作业完毕后的规定

（1）机车整备作业时，检修车间专检人员正常作业完毕后，应及时断开控制电器柜“蓄电池”自动开关。处理故障时，仅允许使用车内照明。故障处理完毕后应及时断开控制电器柜“蓄电池”自动开关，以关闭蓄电池电源。

（2）运用机车到达折返点，乘务员检查作业完毕后，下车前必须及时断开控制电器柜“蓄电池”自动开关，以关闭蓄电池电源。

76. 运行途中，乘务员发现微机显示屏显示的蓄电池电压长时间(30 min)低于 108 V 时的处理

运行途中，乘务员需随时注意观察微机显示屏上显示的蓄电池电压，发现其电压长时间（30 min）低于 108 V 时，应在微机显示屏牵引/制动画面点击〖机器状态〗〖辅助电源〗，进入“辅助电源”画面确认控制电源充电装置 PSU 是否故障，若其故障，按本章第 70 条“运行途中，控制电源充电装置故障时的处理”方法进行处理。

77. 哪些情况容易造成 HXD_3 型机车蓄电池亏电

HXD_3 型机车蓄电池采用 DM170 型（2 V/170 A·h/lOAr）铅蓄电池，在没有启动充电器充电的情况下，长时间使用直流用电设备，如照明（包括头灯等）、风扇、微机等设备时，直接使用车载蓄电池供电。在只使用车内照明及微机的情况下，蓄电池的放电电流大约为 13～18 A，即对于容量为 170 A·h 的蓄电池组，相当于以 0.1C 的速率放电，仅能有 3 h 左右维持在 90 V 以上；当机车启动附属设备（如加热设备等），蓄电池放电电流约为 35 A，相当于以 0.2C 以上的速率放电，此时蓄电池在 1～2 h 以内就会出现过放电现象，造成蓄电池亏电。

综上所述，在没有启动充电器充电的情况下长时间使蓄电池投入工作，就会造成蓄电池亏电。

从机车运用过程来看，造成蓄电池亏电（在没有启动充电器充电的情况下长时间使蓄电池投入工作）的情况有：

（1）机车检修及整备等作业时；

（2）接触网长时间停电；

（3）机车故障时。

78. 机车蓄电池亏电后的不良后果

（1）机车蓄电池亏电后会造成充电器输出电流过大，最大输出电流为 55 A，加之机车上其他负载的不稳定变化，造成开关元件强制工作在高频调整阶段，大负荷运行发热量过大，易造成机车 110 V 电源装置（PSU）器件容易损坏。

（2）机车蓄电池亏电后，辅助控制电源无法启动，机车无法正常运用，极易造成“机故”事故。

（3）机车蓄电池多次出现深放电时，将极大影响电池的使用寿命及存储能力。如对于 3～5 年的蓄电池，放电深度为 100%时，只能充放电 200～250 次；放电深度减小到 50%时，可充放 500～600 次；放电深度为 30%，可充放 1 200次以上，因此合理使用是影响机车蓄电池使用寿命的主要因素。